［過去問］

# 2024
# 雙葉小学校
# 入試問題集

JN124400

・問題内容についてはできる限り正確な調査分析をしていますが、入試を実際に受けたお子さんの記憶に
　基づいていますので、多少不明瞭な点はご了承ください。

Shinga-kai

# 雙葉小学校
# 過去10年間の入試問題分析
# 出題傾向とその対策

## 2023年傾向

考査は１日目にペーパーテストと巧緻性の課題、２日目に集団テストと親子面接が行われました。ペーパーテストは例年通り幅広く出題され、集団テストではジャンケン列車とキャンプごっこを行いました。親子面接は３年ぶりに保護者２名で行われ、親子課題はお弁当包みで、質問内容もお弁当にまつわるものが多くありました。

## 傾　　向

考査は３、４日間の日程のうち２日間で、指定された日時に五十音順で行われます。例年、考査１日目は約25人単位でペーパーテストが行われ、所要時間は40～50分です。2023年度は2021、2022年度と同様に20～24人単位で行われました。考査２日目は10～20人単位で集団テストが行われ、その後に親子面接もあります。２日目の所要時間は40分～１時間30分です。出願後に参考票（面接資料）が自宅に郵送され、志望理由や家庭の教育方針などを記入し、考査前の指定日に持参します。当日は受付でゼッケンを渡され、控え室で番号を呼ばれて１列に並んだ後、テスターの誘導で考査の部屋に移動します。ペーパーテストでは、話の記憶、推理・思考、数量、常識、構成、観察力などが出題されています。話の記憶のお話は長めで、出てきたものの単純な記憶だけでなく、内容をきちんと頭の中で整理して答えなければならないような問題もあり、聞いているときの集中力や理解力が重視されます。推理・思考では、図形の問題やルーレット、左右弁別、重さ比べなどが出題されています。どの問題も観察力や考える力を要求されるので、指示を一度で聞き取り、理解して速やかに取りかかることはもちろん、自信を持ってスムーズに印をつけられることも大切です。また、１日目には毎年巧緻性の課題が行われます。ひもや輪ゴム、クリップ、シールなど、身近な素材を使った課題が多く、集中して手際よくものを扱う作業などを見ています。集団テストでは、集団ゲームやごっこ遊びなどの、小集団でのテストが行われます。体を動かしたり、お友達と協力し合って何かを作ったりする中で、作業力やお友達とのかかわり方を見られています。ごっこ遊びではグループでの共同作業も多いので、お友達と積極的にかかわり、意欲を持っ

て活動できるかどうかも見られます。楽しみながら遊びに参加することが、よい結果を生むことにつながるでしょう。面接は受験番号順に、数ヵ所で同時に並行して行われます。約7分ごとのチャイムで控え室を出て面接室の外で待ち、次のチャイムで入室する形式で行われています。面接時間は5、6分で面接官は2人です。親子のかかわり方を見る質問をはじめ、両親それぞれがどのように育ってきたかをたずねることもあります。

## 対 策

ペーパーテストはスピード重視ではありませんが、概して時間は短く、設問を理解して速やかに取りかかることが要求されます。同じ項目でも、さまざまなパターンの問題に慣れておきましょう。話の記憶のお話は、「誰が」「どこで」「何を」「どうした」という話の流れを聞き取ると同時に、数や常識などを含む理解力全般を問われる内容となっています。日ごろから「誰が」「何をしているか」「これを〜するとどうなるか」ということを意識して生活したり、お話をしっかり聞き取るために文を復唱したりすることなども効果的です。実際の入試では限られた時間内で問題を解かなくてはなりませんが、まず問題の指示を聞き取ること、さらに、あきらめずじっくり考える力をつけていくことが大切です。家庭で行う場合、「間に合わない」「最後の問題まで全部できない」という感覚を持たせるのもよくありません。初めはスピードや結果にとらわれず、あきらめずに最後まで取り組む機会を作りましょう。そして、その姿勢を大いにほめてあげることが重要です。次に問題の理解がきちんとなされているかどうかを確かめ、問題を把握する力をつけていきましょう。問題文の意味がわからないときはすぐに説明するのではなく、どうとらえたかを子どもに説明させることも効果的です。また、どの項目も見る力が必要とされます。特に図形の課題では、大きさ、長さをしっかり見て比べる練習をしておきましょう。回転図形や対称図形、ルーレットの課題では、どこか特徴となる部分を自分で見つけ、それがどの位置になったかを見定めて確認するなどの習慣を身につけるとよいでしょう。数量は毎年のように出題される項目です。具体的なヒントとなる絵がないのも特徴で、違いや対応など問題の要点を聞き取ることが重要なポイントです。集団テストでは、自分の考えを言葉で伝えながらお友達の考えも聞き入れ、みんなと楽しみながら素直に参加できる子どもらしく明るい印象が大切です。初めてのお友達とかかわる機会をたくさん作り、経験を積んでいきましょう。巧緻性の課題では、ビーズ通し、ひも通し、輪作り、クリップ留めなどがあります。日常生活でのお手伝いを通して、身近なものを上手に扱えるよう、また、集中して作業に取り組めるようにしておくことが大切です。同じ作業をくり返すことも多いので、根気強さも身につけましょう。面接では親子のかかわり方を見られます。日ごろから家庭での会話を大切にして、語彙を増やすと同時に気持ちの通じる対話を心掛けましょう。両親それぞれが自身の幼少期を思い出し、子どもの成長や生活とてらし合わせて、どのように育てていきたいか考えておくことも必要です。

# 年度別入試問題分析表

【雙葉小学校】

| | 2023 | 2022 | 2021 | 2020 | 2019 | 2018 | 2017 | 2016 | 2015 | 2014 |
|---|---|---|---|---|---|---|---|---|---|---|
| **ペーパーテスト** | | | | | | | | | | |
| 話 | ○ | ○ | ○ | ○ | ○ | ○ | ○ | ○ | ○ | ○ |
| 数量 | ○ | ○ | ○ | | ○ | ○ | ○ | ○ | ○ | ○ |
| 観察力 | ○ | ○ | ○ | ○ | ○ | ○ | ○ | ○ | | ○ |
| 言語 | ○ | ○ | | ○ | | | | | | |
| 推理・思考 | | ○ | | ○ | ○ | ○ | ○ | ○ | ○ | ○ |
| 構成力 | ○ | | ○ | ○ | | | | ○ | | ○ |
| 記憶 | | | | | | | | | | |
| 常識 | | | ○ | ○ | ○ | ○ | | ○ | ○ | ○ |
| 位置・置換 | | | ○ | | | ○ | | | ○ | |
| 模写 | | | | | | | | | | |
| 巧緻性 | ○ | ○ | ○ | ○ | ○ | ○ | ○ | ○ | ○ | ○ |
| 絵画・表現 | | | | | | | | | | |
| 系列完成 | | | | | | | ○ | | | |
| **個別テスト** | | | | | | | | | | |
| 話 | | | | | | | | | | |
| 数量 | | | | | | | | | | |
| 観察力 | | | | | | | | | | |
| 言語 | | | | | | | | | | |
| 推理・思考 | | | | | | | | | | |
| 構成力 | | | | | | | | | | |
| 記憶 | | | | | | | | | | |
| 常識 | | | | | | | | | | |
| 位置・置換 | | | | | | | | | | |
| 巧緻性 | | | | | | | | | | |
| 絵画・表現 | | | | | | | | | | |
| 系列完成 | | | | | | | | | | |
| 制作 | | | | | | | | | | |
| 行動観察 | | | | | | | | | | |
| 生活習慣 | | | | | | | | | | |
| **集団テスト** | | | | | | | | | | |
| 話 | | | | | | | | | | |
| 観察力 | | | | | | | | | | |
| 言語 | | | | | | | | | | |
| 常識 | | | | | | | | | | |
| 巧緻性 | | | | | | | | | | |
| 絵画・表現 | | | | | | | | | | |
| 制作 | | | | ○ | | | | | | |
| 行動観察 | ○ | ○ | ○ | ○ | ○ | ○ | ○ | ○ | ○ | ○ |
| 課題・自由遊び | | | ○ | | | | | | | |
| 運動・ゲーム | ○ | ○ | | ○ | ○ | ○ | ○ | ○ | | |
| 生活習慣 | | | | | | | | | | |
| **運動テスト** | | | | | | | | | | |
| 基礎運動 | | | | | | | | | | |
| 指示行動 | | | | | | | | | | |
| 模倣体操 | | | | | | | | | | |
| リズム運動 | | | | | | | | | | |
| ボール運動 | | | | | | | | | | |
| 跳躍運動 | | | | | | | | | | |
| バランス運動 | | | | | | | | | | |
| 連続運動 | | | | | | | | | | |
| **面接** | | | | | | | | | | |
| 親子面接 | ○ | ○ | ○ | ○ | ○ | ○ | ○ | ○ | ○ | ○ |
| 保護者(両親)面接 | | | | | | | | | | |
| 本人面接 | | | | | | | | | | |

※伸芽会教育研究所調査データ

# 小学校受験Check Sheet

お子さんの受験を控えて、何かと不安を抱える保護者も多いかと思います。受験対策はしっかりやっていても、すべてをクリアしているとは思えないのが実状ではないでしょうか。そこで、このチェックシートをご用意しました。1つずつチェックをしながら、受験に向かっていってください。

## ✳ ペーパーテスト編

①お子さんは長い時間座っていることができますか。

②お子さんは長い話を根気よく聞くことができますか。

③お子さんはスムーズにプリントをめくったり、印をつけたりできますか。

④お子さんは机の上を散らかさずに作業ができますか。

## ✳ 個別テスト編

①お子さんは長時間立っていることができますか。

②お子さんはハキハキと大きい声で話せますか。

③お子さんは初対面の大人と話せますか。

④お子さんは自信を持ってテキパキと作業ができますか。

## ✳ 絵画、制作編

①お子さんは絵を描くのが好きですか。

②お家にお子さんの絵を飾っていますか。

③お子さんははさみやセロハンテープなどを使いこなせますか。

④お子さんはお家で空き箱や牛乳パックなどで制作をしたことがありますか。

## ✳ 行動観察編

①お子さんは初めて会ったお友達と話せますか。

②お子さんは集団の中でほかの子とかかわって遊べますか。

③お子さんは何もおもちゃがない状況で遊べますか。

④お子さんは順番を守れますか。

## ✳ 運動テスト編

①お子さんは運動をするときに意欲的ですか。

②お子さんは長い距離を歩いたことがありますか。

③お子さんはリズム感がありますか。

④お子さんはボール遊びが好きですか。

## ✳ 面接対策・子ども編

①お子さんは、ある程度の時間、きちんと座っていられますか。

②お子さんは返事が素直にできますか。

③お子さんはお父さま、お母さまと3人で行動することに慣れていますか。

④お子さんは単語でなく、文で話せますか。

## ✳ 面接対策・保護者（両親）編

①最近、ご家族での楽しい思い出がありますか。

②ご両親の教育方針は一致していますか。

③お父さまは、お子さんのお家での生活や幼稚園・保育園での生活をどれくらいご存じですか。

④最近タイムリーな話題、または昨今の子どもを取り巻く環境についてご両親で話をしていますか。

<sup>section</sup>
# 2023 雙葉小学校入試問題

## ■ 選抜方法

受験番号は五十音順で決められる。考査は3日間のうち指定された2日間で行う。1日目は約25人単位でペーパーテストと巧緻性の課題、2日目は10〜20人単位で集団テストを行った後、親子面接を行う。所要時間は1日目が40〜50分。2日目が約1時間30分（集団テストは約1時間で、その後順次面接を行う）。

## 考査：1日目

## ┃ ペーパーテスト

筆記用具は青のフェルトペンを使用し、訂正方法は〰〰（キザギザ線）。出題方法は話の記憶のみ音声で、ほかは口頭。

### 1 話の記憶

「『ともちゃん、もう寝る時間よ』とお母さんに言われて、ともちゃんはベッドに入りました。すぐにまぶたが重くなってきて、いつの間にか眠ってしまいました。ふと気がつくと、森の中を歩いています。『ここは一体どこなのかしら？』と思いながら森を歩いていくうちに、道に迷ってしまいました。『困ったわ、どうしよう』。すると、草むらからゴソゴソと音が聞こえてきます。『何かしら』。おそるおそる見てみると、草むらからひょっこり顔を出して現れたのは、こびとの3きょうだいです。こびとたちは、みんな同じ格好をしています。ひげは長く、緑のしましまの帽子をかぶり、上着にはボタンが2つついていて、眼鏡をかけています。ともちゃんが驚いた顔で見ていると、こびとたちはにっこり笑ってともちゃんのそばにやって来ました。そして順番に話し始めました。1人目のこびとは、すてきなお花を持っています。『僕はお花が好きなんだ。よかったら、これをどうぞ』。ともちゃんに黒い種をくれました。2人目のこびとは、じょうろとバケツを持っています。『僕は畑仕事が好きなんだ。大変だけど、とても楽しいよ』とバケツの中に入っていたスコップをともちゃんに渡して、『お花の種を植えるのに使ってね』と言いました。3人目のこびとは、おやつが大好きなこびとです。おやつの袋を持っていて、その中からドーナツをくれました。ともちゃんが『ありがとう』と3人のこびとにお礼を言うと、こびとたちが『よかったら、僕たちのお家にご招待します。どうぞ来てください』と誘ってくれたので、こびとたちのお家に遊びに行くことになりました。森を歩いていくと、お家が見えてきました。『僕たちのお家はあそこだよ』と指さす方を見てみると、こびとたちのお家は果物の形をしていて、丸い窓と煙突があります。煙突からはもくもくと煙が出て、右隣にはキノコの形のお家が建っているのが見えます。『さあ、どうぞ』。中に入って、テーブルのお皿にあった星の形のクッキーをみんなで1枚ずつ食べました。お皿には、クッキー

が1枚残りました。『おいしいね。今日は、みんなに会えてよかったわ』とともちゃんが言ったそのときです。『朝よ、起きなさい』とお母さんの声がしました。目を覚ましたともちゃんは、『こびとたちに会ったのは、夢だったんだな』と思いました」

・リンゴの段です。こびとたちに出会ったのはどこですか。正しい絵に○をつけましょう。
・バナナの段です。こびとたちはどんな様子でしたか。正しい絵に○をつけましょう。
・ブドウの段です。出会ったときのこびとたちが手に持っていたものに×、ともちゃんにくれたものに○をつけましょう。
・ミカンの段です。みんなで食べたクッキーは、初めに何枚ありましたか。その数だけ○をかきましょう。
・サクランボの段です。こびとたちのお家の様子が正しく描いてある四角に○をつけましょう。

## 2 数　量

あおいちゃんは、お父さんとお母さんと一緒に、3人でピクニックに来ました。広場に敷いたレジャーシートには、大きなバスケットとお弁当箱が3個ありますね。
・お弁当箱の中には、ミニトマトが3個ずつ入っています。あおいちゃんはお父さんから1個、お母さんから2個もらいました。あおいちゃんのミニトマトは全部で何個になりましたか。その数だけ、絵のすぐ下の段に○をかきましょう。
・大きなバスケットの中には、おにぎりが入っています。お父さんが3個、お母さんが1個、あおいちゃんも1個食べると、1個残りました。おにぎりは、初めに何個ありましたか。その数だけ、次の段に○をかきましょう。
・絵の中の鳥が何羽か飛んでいき、何羽か飛んできて、今は2羽になりました。サイコロの目がかかれた4つの四角を見ましょう。黒い目を飛んでいった鳥の数、白い目を飛んできた鳥の数とすると、正しい組み合わせはどれですか。○をつけましょう。

## 3 構　成

・一番上の段がお手本です。左端の形を線の通りに切ると、分かれて形ができます。できる形が正しくかいてある四角に、丸がつけてあります。では下も同じように、左端の形を線の通りに切ったとき、できる形が正しくかいてある四角を右から選んで○をつけましょう。

## 4 数量・観察力（同図形発見）

上の四角を見ましょう。足跡がたくさんありますね。大きいものや小さいものもありますが、よく見ると大きさが違っても同じ種類の生き物の足跡もあります。
・下の1段目です。上の四角には、何種類の生き物の足跡がありますか。その数だけ○を

かきましょう。

- ・2段目です。左端の足跡と同じ種類のものは、上の四角にいくつありますか。その数だ
け、右の四角に○をかきましょう。大きさが違っても、形が同じであれば同じ種類とし
て数えます。
- ・今見た足跡と形も大きさも同じものを上の四角の中から見つけて、×をつけましょう。
- ・一番下の段です。一番多い足跡は、その生き物何匹分のものですか。その数だけ○をか
きましょう。

## 5 言語（しりとり）

- ・それぞれの段の絵を、全部しりとりでつなげます。最後は「ン」で終わるようにつなぐ
と、最初になるものはどれですか。選んで○をつけましょう。

## 6 数量（進み方）

クマとキツネが左上のマス目からスタートして、お約束の通りに進みます。
〈約束〉
- ・太鼓が1回鳴ったら、矢印の通りにマス目を3つ進む。
- ・ラッパが1回鳴ったら、矢印の通りにマス目を2つ進む。
- ・鈴が1回鳴ったら、矢印と反対の向きにマス目を1つ進む。
※実際には楽器は鳴らず、テスターが楽器の名前を言う。
※問題を聞きながらマス目の上を指でさして確認してはいけない（指示が終わってから解
答する）。

- ・初めはクマが進みます。太鼓が1回鳴りました。ラッパが1回鳴りました。鈴が1回鳴
りました。クマは今どこにいますか。そのマス目に◎をかきましょう。
- ・今度はキツネが左上の同じマス目から進みます。太鼓が1回鳴りました。もう1回鳴り
ました。ラッパが1回鳴りました。もう1回鳴りました。鈴が1回鳴りました。今キツ
ネはどこにいますか。そのマス目に×をかきましょう。
- ・鳴らす楽器の音をなるべく少なくして、丸のマス目から三角のマス目を通って、ひし形
のマス目に行きます。全部で何回楽器を鳴らすとよいですか。その数だけ、下の四角に
○をかきましょう。

## ◆ 巧緻性

約20cmのリボン12本、ラッピングタイ6本が用意されている。
- ・リボン2本を重ねて、ラッピングタイでねじって留めましょう。できるだけたくさんや
ってください。

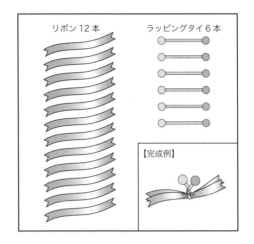

リボン 12 本　　ラッピングタイ 6 本

【完成例】

## 考査：2日目

## 集団テスト

### 集団ゲーム（ジャンケン列車）

「かもつれっしゃ」の歌に合わせてジャンケンし、負けた人は勝った人の後ろにつながる。これをくり返し、1本の列車になるまで続ける。

### 行動観察（キャンプごっこ）

5、6人ずつのグループに分かれて行う。テント作り、魚釣り、紙コップタワー作りの3つのコーナーがあり、グループごとにコーナーを回って遊ぶ。太鼓が1回鳴ったら遊び始め、2回鳴ったら別のコーナーへ移動し、3回鳴ったら遊びをやめて集まるというお約束がある。3つのコーナーをグループで一巡したら、その後は自分の好きなコーナーで遊んでよい。

（テント作りのコーナー）

・お友達と協力して、ガムテープや目玉クリップを使い、木の柱に布やひもを留めてテントを作る。

（魚釣りのコーナー）

・池に見立てた大きなビニールシートの上に、ふくらませた風船でできた魚、段ボール紙でできた魚やタコ、ヒトデなどが置いてある。用意された竹製の長い釣りざおで魚などを釣って遊ぶ。釣りざおは持ち手が二股に分かれており、お友達と2人で持ち、協力して使う。釣ったものは大小のバケツに入れ、模擬の包丁やまな板で料理したり、網で焼

くまねをしたりする。

（紙コップタワー作りのコーナー）
・紙コップと厚紙を使って、できるだけ高いタワーを作る。

【作成例】

# 親 子 面 接

子どもと保護者２名で面接を行う。入室したら子どもと保護者はマスクを外す。面接官との間にはアクリル板が備えつけられている。

## 親子課題

模擬のおかずが入った重箱のような大きさのお弁当箱、お弁当を包む布、はし入れ、模擬のおにぎり２個が用意されている。はし入れの有無やおにぎりの数は日時により異なる。
・ここにお弁当箱とおにぎり、包む布があります。お弁当箱の上におにぎりをのせて、布で包んでください。お父さんやお母さんに手伝ってもらってもよいですよ。

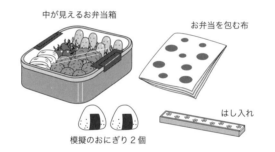

中が見えるお弁当箱　　お弁当を包む布

模擬のおにぎり２個　　はし入れ

### 本 人

・お名前を教えてください。
・お弁当に入っているものの中で、好きなものはどれですか。
・お弁当を持ってどこかにお出かけしたことはありますか。誰とどこに出かけましたか。
・ここ（面接）に来る前は、何が楽しかったですか。
・この後お家に帰ったら、お父さん、お母さんと何をしたいですか。

### 父 親

・小さいころのお弁当の思い出はありますか。お子さんに話してあげてください。
・お子さんの成長を感じるのは、どのようなときですか。
・ご自身とお子さんとで似ているところはありますか。それはどのようなところですか。

### 母 親

・お弁当を作るときに気をつけていることはありますか。

・ご自身とお子さんとで似ているところはありますか。それはどのようなところですか。

**面接資料／アンケート**　出願後の指定日時に参考票（面接資料）を持参する。参考票には、以下のような記入項目がある。

①本校をどのようなことでお知りになりましたか。

②本校を志望したのはなぜですか。

③ご家庭の教育方針をお書きください。

④志願者本人について、学校がうかがっておいた方がよいとお考えの点がありましたら、お書きください。

⑤そのほかうかがっておいた方がよいと思われる点がありましたら、何でもご記入ください。

※ほかに、家族構成を記入し、家族写真を貼付する。

**2**

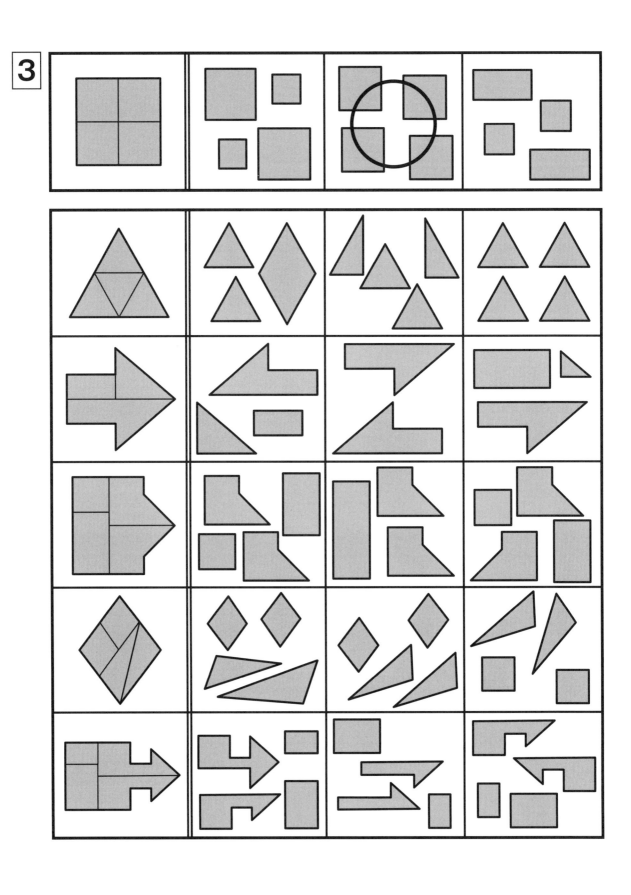

**4**

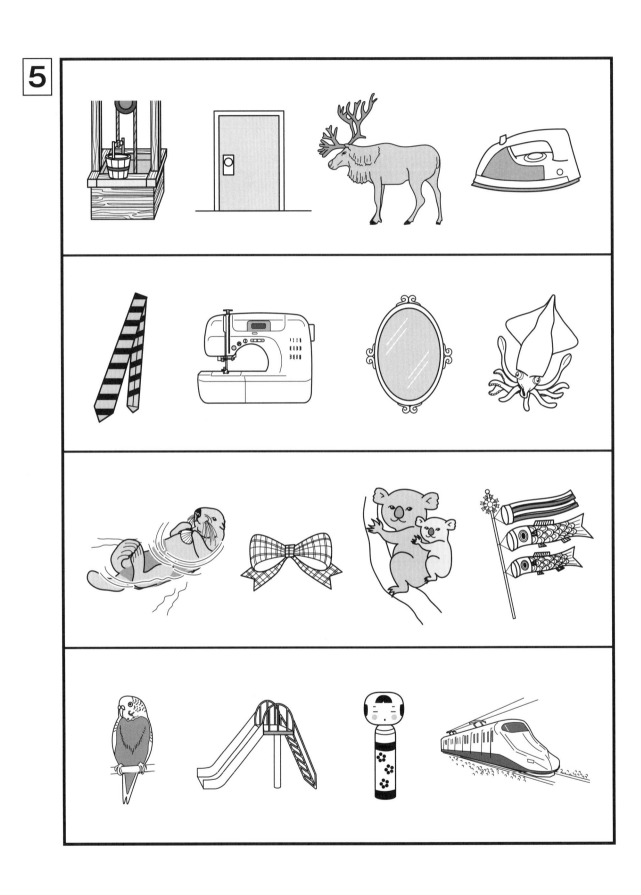

**6**

| | → | → | ↓ | → | ← | ↓ | ↓ |
|---|---|---|---|---|---|---|---|
| ↓ | ← | ↓ | ↓ | → | ⚠↓ | ↑ | ← |
| ↓ | ↑ | ↓ | ← | ↑ | ↓ | → | ↓ |
| → | ↑ | ↓ | ↓ | ← | → | ◇← | ← |
| ↓ | ↑ | ← | → | → | ↑ | ← | ↓ |
| → | ← | ↑ | → | ↑ | ↑ | ← | → |

2022　2023
2021
2022
2020
2019
2018
2017
2016
2015
2014

section
# 2022　雙葉小学校入試問題

## ■ 選抜方法

受験番号は五十音順で決められる。考査は3日間のうち指定された2日間で行う。1日目は20～24人単位でペーパーテストと巧緻性の課題、2日目は12～18人単位で集団テストを行った後、親子面接を行う。所要時間は1日目が約40分。2日目が40分～1時間（集団テストは約40分で、その後順次面接を行う）。

## 考査：1日目

### ▍ペーパーテスト ▍ 筆記用具は青のフェルトペンを使用し、訂正方法は∭（キザギザ線）。出題方法は話の記憶のみ音声で、ほかは口頭。

### 1 話の記憶

「『もういくつ寝ると、お正月～』と歌いながら、ウサギのミミちゃんはお正月を気持ちよく迎えられるように大掃除をしています。すると、箱の中からハロウィーンパーティーの楽しそうな写真が3枚出てきました。1枚目はミミちゃんたちの写真です。『ハロウィーンのとき、どんなお洋服を着ていたかしら』と、ミミちゃんと妹のモモちゃんは写真を見てみました。すると、ミミちゃんは魔女に変身し、モモちゃんは黒ネコの格好をしていました。隣に写っていたウサキチ君は、お化けに変身していました。『ハロウィーンパーティー、とても楽しかったわね。このとき、ウサキチ君がミカンを持ってきてくれたのよね』とミミちゃんが言いました。2枚目の写真は、お父さんが作ったカボチャのランタンでした。固くて大きなカボチャの中身をくり抜いて作ったそうです。目が三角で、鼻は丸、口は四角で歯が2本あるランタンでした。3枚目は、お母さんがおいしそうなお料理をたくさん作っている写真です。料理が得意なお母さんは、カボチャのスープにカボチャのスパゲッティというように、ハロウィーンパーティーでみんなが楽しく過ごせるよう、自慢のカボチャ料理を作ってくれたのでした。ミミちゃんとモモちゃんは写真を見ながら楽しかったパーティーのことを思い出し、夢中になってお話をしていました。そんな様子を見ていたお母さんが、サラダを作りながら『もうお掃除は終わったの？』と聞いたので、『あ、いけない。そういえばわたしたち、お掃除の途中だった』と2匹は笑いながら、また一緒にお掃除の続きを始めました」

・イチゴの段です。お話の季節はいつですか。その季節の絵に○をつけましょう。
・リンゴの段です。お父さんが作ったカボチャのランタンはどれですか。○をつけましょう。

・ミカンの段です。ハロウィーンパーティーのとき、ミミちゃんのお母さんが作ったものに〇、ウサキチ君が持ってきたものに×をつけましょう。

・ブドウの段です。ハロウィーンパーティーで3匹はどんな格好をしていましたか。ミミちゃんには〇、モモちゃんには×、ウサキチ君には◎をつけましょう。

・メロンの段です。今のお話に出てきたウサギは何匹ですか。その数だけ〇をかきましょう。

## 2 数　量

・1段目です。ネコと同じ数の動物に〇をつけましょう。

・2段目です。コアラの耳とリスのしっぽはいくつ違いますか。その数だけ〇をかきましょう。

・3段目です。同じ動物が3匹ずつ集まってお弁当を食べようとすると、3匹ずつになれない動物がいました。その動物に〇をつけましょう。

・一番下の段です。クマが3匹、サルが1匹帰りました。今、一番数が多い動物に〇をつけましょう。

## 3 推理・思考（回転図形）

・一番上の段を見てください。左端のお手本を、矢印の数だけ右に倒すとどのようになりますか。合うものを右の3つから選んで〇をつけます。ここでは真ん中が正解ですね。では、同じように下も全部やりましょう。

## 4 観察力

・透き通っていない紙で、左側の四角の中にある形を作りました。矢印の向きに、右の形を上にして重ねていくとどのようになりますか。正しいものを右側の3つから選んで〇をつけましょう。

## 5 言語（しりとり）

・左端のものから始めて、名前の最後から2番目の音につなげてしりとりをしたとき、最後になるものに〇をつけます。上のお手本を見ましょう。左端の「ジャガイモ」は、最後から2番目の音が「イ」となり、次につながるのは「イタチ」です。「イタチ」の最後から2番目の音は「タ」ですから、最後につながるのは「タケノコ」となります。同じように、下も全部やりましょう。

## 6 観察力・話の理解

・わたしは両手で何かにつかまっています。髪を結んでいて帽子をかぶっています。わたしに〇をつけましょう。

- わたしは公園にいる男の子1人ずつとジャンケンをします。ブランコの子にはグーで負けて、虫捕り網を持っている子にはパーで勝って、砂場で遊んでいる子にはグーで負けました。まだジャンケンをしていない相手に×をつけましょう。
- わたしは砂場で遊ぼうとしたのですが、砂場で使うものをどこかに置き忘れてしまいました。わたしの忘れ物に◎をつけましょう。
- 絵の中にある帽子は全部でいくつですか。その数だけ、下の長四角に○をかきましょう。

## 巧緻性

厚紙、目玉クリップ5個、20〜25cmの綴じひも（半分に切られ、端の固い部分が片方にだけあるもの）5本が用意されている。

- ひもの固いところを挟むようにして、厚紙に目玉クリップで留めましょう。できるだけ多くやってください。

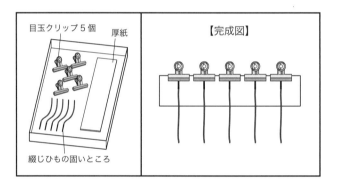

考査：2日目

# 集団テスト

## 集団ゲーム（ジャンケンゲーム）

床に2色または3色の丸いプレートが置かれている。プレートの上に立ち、宇宙人の帽子をかぶったテスターと決められたお約束でジャンケンをする。「最初はロケット、ジャンケンポン」とテスターが声をかけたら、両手を上げて手のひらを合わせ両足をそろえるロケットのポーズをしてから体ジャンケンをする。何度か行った後、足元のプレートの色ごとに分かれてコーナー遊びへ移動する。

〈約束〉
- グーのときは足を閉じ、両腕を胸の前で交差させる。
- チョキのときは足を前後に開き、腕は上に伸ばして前後に開く。

・パーのときは足も腕も大きく横に開く。

・勝ったときは、体をユラユラ揺らしながら走ってほかの星（プレート）に移動する。

・負けたときは、自分が立っていた星（プレート）の周りを手をキラキラさせながら回る。

・あいこのときは、自分の星（プレート）の上でくり返ししゃがんだり立ったりする。

## 行動観察

宇宙ステーション作り、風船運び、天の川作りの３つのコーナーがある。グループごとにコーナーで遊び、タンバリンが鳴ったら別のコーナーへ移動する。タンバリンがシャラランと鳴ったら、必ずテスターを見るというお約束がある。最後にグループは関係なく、自分の好きなコーナーでテスターの合図があるまで遊ぶ。

（宇宙ステーション作りのコーナー）

・いろいろな大きさの段ボール箱、大きいサイズの細長いスポンジブロック、空のペットボトル（500ml）を使い、グループで協力して宇宙ステーションを作る。タンバリンが鳴って次の場所に移動するときは、作っていたものを壊さずに残し、そのまま次のグループが続けて作る。

（風船運びのコーナー）

・箱の中の風船を、少し離れた空の箱に移す。風船は、うちわや布に載せて運ぶ。１人で運んでも２人で運んでもよく、また、運ぶ道具を途中で替えることもできる。箱の中の風船をすべて運び終えたら今度は元に戻すように運び、これをくり返し行う。

（天の川作りのコーナー）

・折り紙とシールで輪飾りを作る。折り紙１／８サイズの短冊、長四角の白いシールを使って織姫と彦星のために輪飾りで天の川を作る。１人で長く作っても、作ったものをお友達とつなげてもよい。作った輪飾りはあらかじめ用意された織姫と彦星にかけに行く。

## 親 子 面 接

子どもと保護者１名で面接を行う。入室したら子どもと保護者はマスクを外す。面接官との間にはアクリル板が備えつけられている。

## 本 人

・お名前を教えてください。

・お家では、何をして遊ぶのが好きですか。（発展して質問あり）

・休みの日には、お父さんと何をしていますか。

・好きな遊びは何ですか。誰と何人で遊んでいますか。

・お父さん（お母さん）はどんな人ですか。（面接に同伴していない方の親のことを聞かれる）

・お母さんが子どものころにしていた遊びを知っていますか。（発展して質問あり）

## 親子ゲーム（当てっこクイズ）

キリン、パンダ、カブトムシ、ペンギン、トマト、ピアノなどの絵カードの中から3枚を裏返しにして渡され、保護者がその中から1枚を引く。保護者は絵カードに描かれているものについてヒントを出し、子どもはそれを当てる。保護者がカードを引く間、子どもは手で目隠しをする。保護者と子どもの役が逆の場合や、ゲームで答えたものから派生して質問される場合もある。

### 保護者

・本校を知ったきっかけを教えてください。

・カトリック教育についてどのように思われますか。

・女子校についてどのように思われますか。

・コロナ禍において、ご家族でどのように過ごされましたか。

・お家の中での時間が増えて、工夫したことは何ですか。

・子どものころに好きだった遊びは何ですか。

・お家での遊びのエピソードをお話しください。

・仕事と家庭を両立するために、気をつけていることは何ですか。

※ほかに参考票に書かれた内容について質問される場合もある。

### 面接資料／アンケート

出願後の指定日時に参考票（面接資料）を持参する。参考票には、以下のような記入項目がある。

①本校をどのようなことでお知りになりましたか。

②本校を志望したのはなぜですか。

③ご家庭の教育方針をお書きください。

④志願者本人について、学校がうかがっておいた方がよいとお考えの点がありましたら、お書きください。

⑤そのほかうかがっておいた方がよいと思われる点がありましたら、何でもご記入ください。

※ほかに、家族構成を記入し、家族写真を貼付する。

**1**

**2**

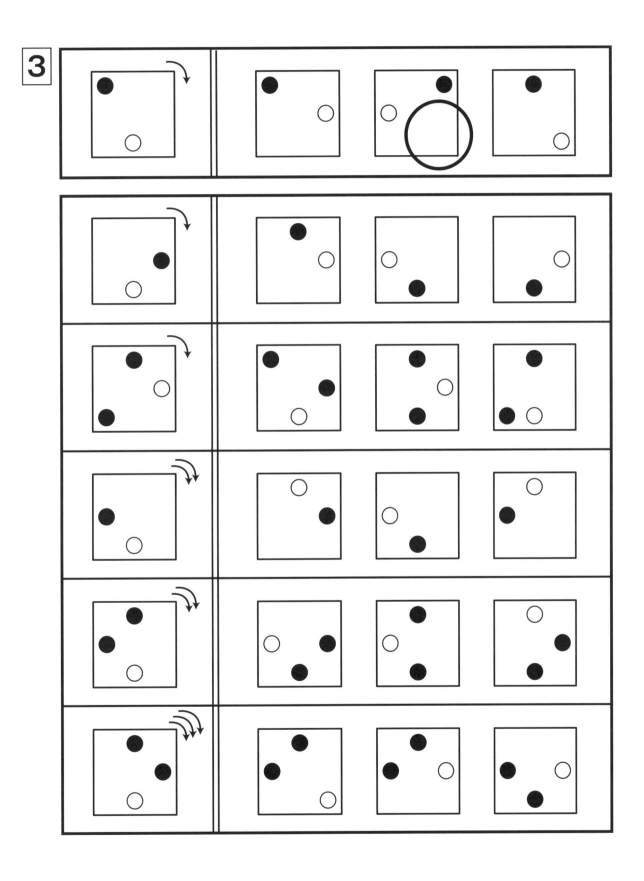

**4**

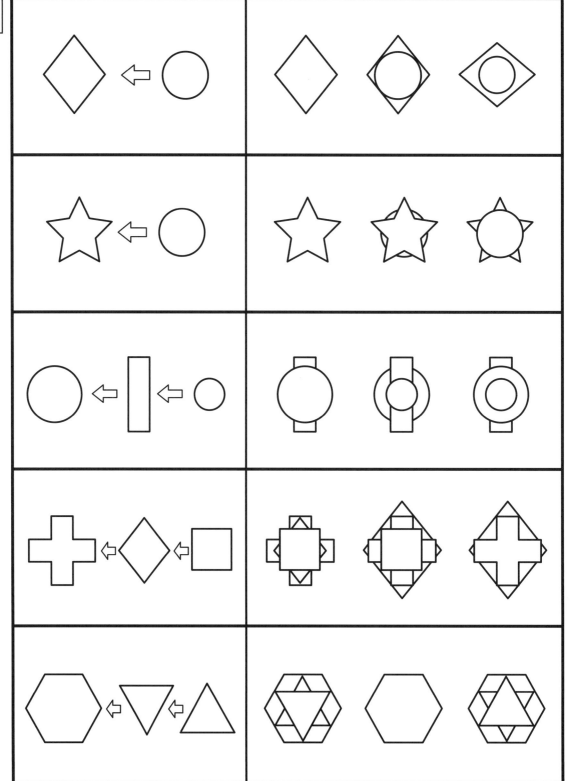

**6**

# 2021 雙葉小学校入試問題

section

## ■ 選抜方法

受験番号は五十音順で決められる。考査は3日間のうち指定された2日間で行う。1日目は約20人単位でペーパーテストと巧緻性の課題、2日目は10〜20人単位で集団テストを行った後、親子面接を行う。所要時間は1日目が約40分。2日目が40分〜1時間（集団テストは約40分で、その後順次面接を行う）。

## 考査：1日目

## ┃ ペーパーテスト ┃

筆記用具は青のフェルトペンを使用し、訂正方法は〜〜〜（ギザギザ線）。出題方法は話の記憶のみ音声で、ほかは口頭。

### 1 話の記憶

「クマ君の幼稚園は、明日が遠足の日です。『やったー！ 明日はフタコブ山に遠足だ』とクマ君は大はしゃぎです。クマ君は3匹きょうだいで、お姉さんと弟がいます。まだ小さくて遠足には行けない弟が『お兄ちゃん、遠足に行けていいな。僕も行きたいな』と言うと、お母さんは『いつかお休みの日に、おじいさんやお父さんも一緒に、家族みんなでフタコブ山にピクニックに行きましょうね』と言いました。お姉さんは、『明日は晴れるといいわね』と言ってくれました。お母さんが『明日のお弁当は、何にしましょうね』と聞くので、クマ君は『僕の大好きなから揚げを入れてね』と答えました。次の日の朝、クマ君は目を覚ますと飛び起きました。窓の外を見てみると、空は曇りでお日様が見えません。台所に行ってみると、お母さんとおばあさんがちょうどお弁当を作ってくれていました。から揚げとサケのおにぎりの入ったお弁当は、とてもおいしそうです。そして、お母さん手作りのはちみつのクッキーを、おやつに持たせてくれました。クマ君は朝ごはんを食べると、『行ってきまーす！』と元気よく出かけていきました。張り切って出かけたので、クマ君は待ち合わせの場所に一番に着きました。次にやって来たのは、キツネ君です。キツネ君は、『クマ君、早いねぇ！』とびっくりしています。次にやって来たのはウサギさん、その後にブタさんがやって来ました。ところが、タヌキ君がなかなかやって来ません。『タヌキ君、どうしたのかな』とみんなが心配していると、向こうの方から急いでやって来るタヌキ君が見えました。タヌキ君は息を切らしながら、『ごめんなさい！ 遠足が楽しみで夜なかなか眠れなくて、寝坊しちゃった』と言いました。さあ、みんなが集まったので出発です。先生の後について、歩いていきました。フタコブ山を登っていくと、少しずつ太陽が顔を出してきました。『先生、どうしてこの山はフタコブ山って言うんですか』とクマ君が聞くと、先生は『それはね、山の形がフタコブラクダの背中みたいに見えるから

なのよ』と教えてくれました。途中で、急な坂道がありました。先生が『気をつけてね』と言ってロープを渡してくれ、みんなでロープを持って一生懸命登りました。そのうち、タヌキ君が大きな石につまずいて、転んでけがをしてしまいました。『わたし、ばんそうこうを持ってるよ！』と言ってブタさんがばんそうこうを出してくれたので手当てをし、みんなでまた頂上に向かって登っていきました。山の頂上に着くころには、すっかりいいお天気になっていて、みんなは汗びっしょりです。『さあ、お弁当を食べましょう』と先生が言いました。ウサギさんが『みんなのお弁当は何？　わたしは大好きなニンジンののり巻きよ』と言いました。キツネ君のお弁当にはおいなりさん、タヌキ君のお弁当にはエビのてんぷらとおにぎり、ブタさんのお弁当にはサンドイッチが入っていました。どれもとてもおいしそうです」

・リンゴの段です。遠足の日の朝、起きたときの天気に○をつけましょう。
・バナナの段です。待ち合わせの場所に２番目に早く来た動物に○、遅れて最後に来た動物に△をつけましょう。
・サクランボの段です。みんなが登った山に○をつけましょう。
・ブドウの段です。ばんそうこうをあげた動物は誰でしたか。一番上にある動物の顔から選んで○をつけましょう。
・同じところです。動物の顔の下に、その動物のお弁当が正しく描いてあるのはどの段ですか。その段の左端の四角に○をかきましょう
・イチゴの段です。クマ君の家族は何匹ですか。その数だけ○をかきましょう。

## 2 数 量

パンダとウサギが、３枚のカードを持っています。カードには、それぞれ星が１つ、２つ、３つかかれています。この３枚のうちどれか１枚を選んでパンダとウサギが同時に出したとき、出したカードの星の数が多い方が勝ちとなるゲームをします。負けたら、勝った方にカードを渡すというお約束です。
・サクランボの段です。最初にパンダが星３つ、ウサギが星２つのカードを出しました。パンダの持っているカードの星を合わせると、全部でいくつになりますか。その数だけ○をかきましょう。
・リンゴの段です。今持っているカードの星を合わせた数は、パンダとウサギでいくつ違いますか。その数だけ○をかきましょう。
・バナナの段です。そのまま続けて勝負をしたら、またウサギが負けてしまいました。今、パンダの持っているカードの星は全部でいくつになりましたか。その数だけ○をかきましょう。
・メロンの段です。今持っているカードの星を合わせた数は、パンダとウサギでいくつ違いますか。その数だけ○をかきましょう。

## ③ 構　成

- 左端の四角の中に、黒く塗られたお手本のパズルがひとつかいてあります。イチゴのところを見ましょう。左の黒い形は、先ほどのお手本を２つ使ってできているので、下に丸が２つかいてあります。では真ん中と右の形は、お手本のパズルをいくつ使ってできていますか。その数だけ、それぞれの形の下に〇をかきましょう。
- バナナのところです。先ほどのお手本のパズルを３つ使ってできているものに〇をつけましょう。

## ④ 位置・数量

- 棚の上から２段目の右端に絵本をしまいました。絵本の入った場所に〇をかきましょう。
- 棚の上から２段目の右から２番目に車をしまいました。その場所に△をかきましょう。
- 車をしまった左下の棚にロボットをしまいました。その場所に×をかきましょう。
- その後積み木を下の段の左端に、ぬいぐるみを下の段の右端にしまいました。では、何も入っていない棚はいくつありますか。その数だけイチゴの四角に〇をかきましょう。

## ⑤ 観察力（同図形発見）

- 一番上の四角がお手本です。お手本のように、段ごとに同じ絵を見つけてそれぞれに〇をつけましょう。

## ⑥ 常　識

- 上の生き物が大きくなると、どのようになりますか。下から選んで点と点を線で結びましょう。
- 上のものは何からできていますか。下から選んで点と点を線で結びましょう。
- 上の葉っぱやヘタは、どのような実についていますか。下から選んで点と点を線で結びましょう。
- 上の道具は、どのような道具と一緒に使いますか。下から選んで点と点を線で結びましょう。
- 上のしっぽは、どの動物のしっぽですか。下から選んで点と点を線で結びましょう。

## ⑦ 巧緻性

トレーの中に、約１センチ角の木製の立方体が15個入った透明なお皿、空の透明なお皿、塗りばしが縦向きに置かれている。
- おはしで、サイコロを空のお皿に移しましょう。どちらのお皿にも触ってはいけません。

2023
2022
2021
2020
2019
2018
2017
2016
2015
2014

## 考査：2日目

**集団テスト** ┃ 5、6人ずつのグループに分かれて行う。

### 行動観察・身体表現

黄色、緑、赤、青の丸いシートが床に複数置いてあり、それを島に見立てて遊ぶ。まず、どこでもよいので好きな色のシートの上に立つ。「サメに食べられないように、イルカになって島まで行きましょう」などとテスターに指示された生き物のまねをしながら、別の場所にある最初に立ったシートと同じ色のシートに移動する。

### 課題遊び

言葉遊び、共同絵画、折り紙の3つのコーナーがある。初めに3色のカラーペンが入ったジッパーつきビニール袋を、テスターに指示された場所から取ってくる。グループごとにコーナーで遊び、太鼓が3回鳴ったら別のコーナーへ移動する。カラーペンはほかの人と交換してはいけない、太鼓が鳴ったときは必ずテスターを見るというお約束がある。

・言葉遊び…みんなで輪になって、テスターの手拍子に合わせてしりとりをしたり、名前が3つの音でできているもの（食べ物、家の中にあるもの）、名前が3つより多い数の音でできている生き物などとテスターから出題され、みんなで話し合って答えたりする。遊んでいる間は、カラーペンをテスターに指示された場所に置いておく。

・共同絵画…グループ内でさらに2人または3人組に分かれて行う。丸、三角、四角の形がかかれた紙が用意されている。どの形がかかれた紙を使うか相談して決め、お友達と協力して「海の生き物」を形を生かしてカラーペンで描く。

・折り紙…折り紙で各自好きなものを折り、壁に貼られた模造紙に用意してあるマスキングテープで貼りつける。その際、持っているカラーペンで周りに絵を描き足してもよい。ほかの人と同じものは折らないというお約束がある。

## 親 子 面 接

子どもと保護者1名で面接を行う。入室したら子どもと保護者はマスクを外す。面接官との間にはアクリル板が備えつけられている。

### 本 人

・お名前を教えてください。

・先ほど、大きなお部屋では何をして遊びましたか。

・大好きな（大切な）人は誰ですか。好きな人をできるだけたくさん教えてください。

・お母さん（お父さん、おばあさん、きょうだい）とはどのように遊びますか。お家に帰ったら、お父さん（お母さん、きょうだい）とどんなことをして遊びたいですか。

・（コロナウイルス対策で）お休みが多かったとき、どのように過ごしましたか。

## 言　語

本人への「大好きな（大切な）人を教えてください」という質問の後、以下の質問について保護者と相談してからテスターにお話しする。

・一番大切な人について、お家の人と話し合ってみてください。

・大好きな人のどんなところが好きか、お家の人と話し合ってみてください。

・家族の中で大切な人はいるか、お母さん（お父さん）と話し合ってみてください。

### 保護者

・本校を知ったきっかけを教えてください。

・ご主人（奥さま）の人柄についてお話しください。

・ご主人（奥さま）とはどのようにかかわりを持っていますか。

・お子さんとご主人（奥さま）のかかわりについて聞かせてください。

・カトリック教育についてどのように思われますか。

・女子校についてどのように思われますか。

・緊急事態宣言期間中は、ご家族でどのような時間を過ごしましたか。

・お子さんの成長を感じるのは、どのようなときですか。

※ほかに参考票に書かれた内容について質問される場合もある。

### 面接資料／アンケート

出願後の指定日時に参考票（面接資料）を持参する。参考票には、以下のような記入項目がある。

①本校をどのようなことでお知りになりましたか。

②本校を志望したのはなぜですか。

③ご家庭の教育方針をお書きください。

④志願者本人について、学校がうかがっておいた方がよいとお考えの点がありましたら、お書きください。

⑤そのほかうかがっておいた方がよいと思われる点がありましたら、何でもご記入ください。

※ほかに、家族構成を記入し、家族写真を貼付する。

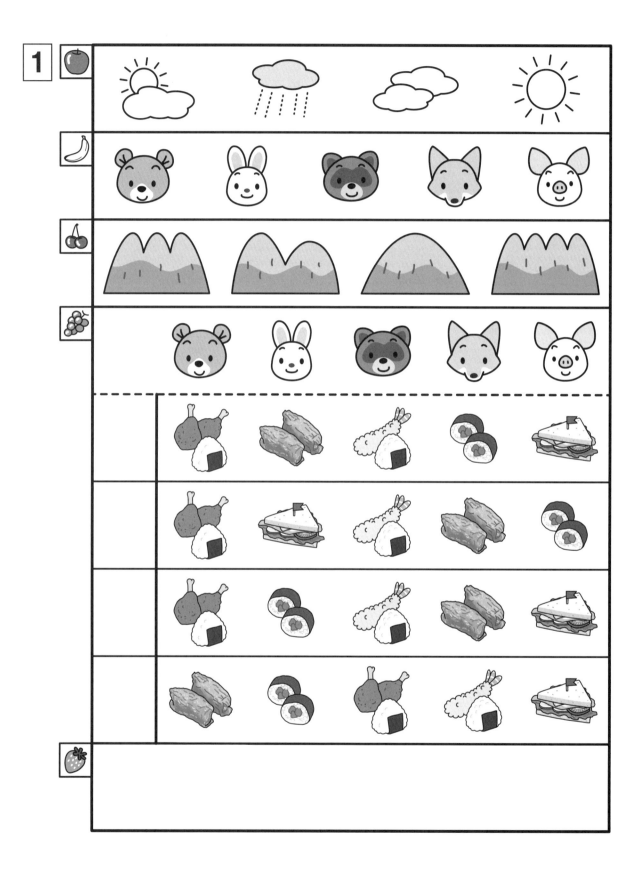

**1**

**3**

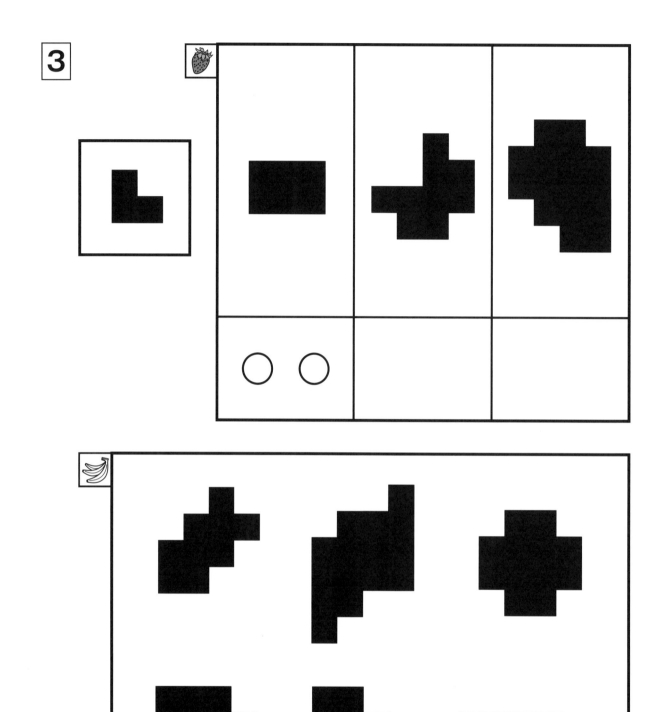

**4**

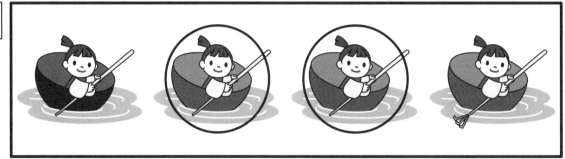

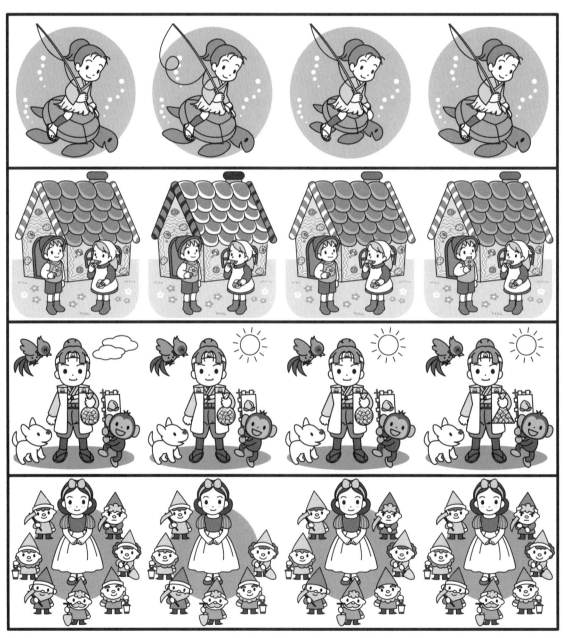

**6**

**6**

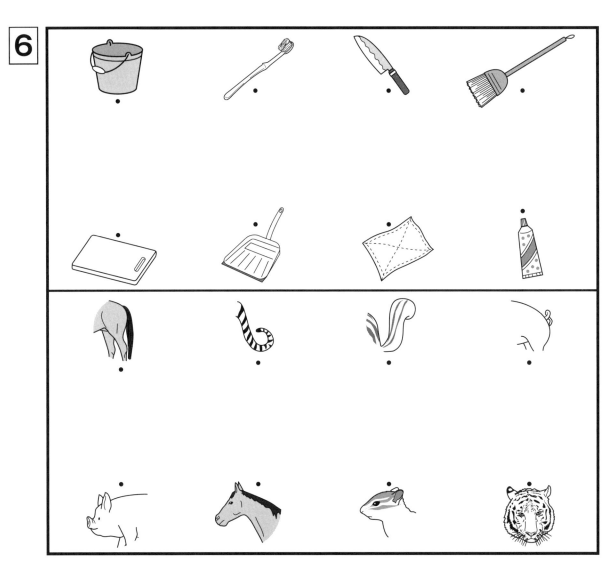

**7**

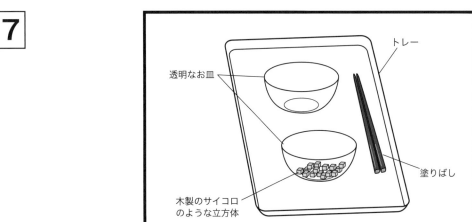

トレー

透明なお皿

塗りばし

木製のサイコロ
のような立方体

# section 2020 雙葉小学校入試問題

## ■ 選抜方法

受験番号は五十音順で決められる。考査は3日間のうち指定された2日間で行う。1日目は約25人単位でペーパーテストと巧緻性の課題、2日目は10～20人単位で集団テストを行った後、親子面接を行う。所要時間は1日目が約40分。2日目が50分～1時間30分（集団テストは約40分で、その後順次面接を行う）。

### 考査：1日目

### ┃ ペーパーテスト ┃ 筆記用具は青のフェルトペンを使用し、訂正方法は〜〜（ギザギザ線）。出題方法は話の記憶のみ音声で、ほかは口頭。

### 1 話の記憶

「まりちゃんはお母さんと一緒におじいさん、おばあさんのお家に遊びに行きます。おじいさんとおばあさんのお家には、まりちゃんよりも年下のいとこのももちゃんがいます。まりちゃんはももちゃんと一緒に遊ぶのがとても楽しみです。まりちゃんは半袖の水玉模様のワンピースを着て、髪を三つ編みにしました。そして手にはリボンのついたかばんを持ちました。駅に向かう途中、お母さんが『みんなにお土産を買っていきましょう』と言って、ケーキ屋さんに行くことにしました。ケーキ屋さんはパン屋さんとお花屋さんの間にあります。ケーキ屋さんでは、クッキーの6枚入りの箱を1つとシュークリームの4個入りの箱を2つ買いました。ケーキ屋さんのお店の人が、『どちらの箱に何が入っているかわかるように、シールを貼っておきますね』と言って、シールを貼ってくれました。クッキーの箱にはまりちゃんの好きなチューリップのシール、シュークリームの箱にはおばあさんの好きなヒマワリのシールです。駅に着いて新幹線に乗り、窓の外を見ていると、海が見えてきました。海にはヨットが5艘浮かんでいます。まりちゃんは『わたしはあの縦のしましまの帆のヨットに乗りたいな。星の模様のヨットにも乗りたいな』と言いました。お母さんは、『わたしは水玉模様のヨットに乗りたいわ』と言いました。楽しくいろいろなお話をしていると、あっという間に降りる駅に到着しました。おじいさん、おばあさんのお家に着くと、『いらっしゃい』と玄関で2人が出迎えてくれました。するとお家の奥の方からいとこのももちゃんも走って出てきて、『いらっしゃい』と言ってくれました。久しぶりに会ったももちゃんは、少し大きくなって背が伸びたように見えました。『はい、お土産です』と持っていた箱を渡すと、おばあさんは『ありがとう。みんなでいただきましょう』と言って、箱を開けました。おじいさんとおばあさんとお母さんはシュークリームを食べ、まりちゃんとももちゃんはクッキーを仲よく半分ずつ分けて食べました。

おなかがいっぱいになった2人は、『早く遊びに行こうよ』と言って、外に遊びに出ました」

・イチゴの段です。お母さんとまりちゃんが買い物をしたケーキ屋さんが正しく描かれた四角に○をつけましょう。

・リンゴの段です。おじいさんとおばあさんのお家に行くときに乗った乗り物に○をつけましょう。

・バナナの段です。まりちゃんが乗りたいと言ったヨットに○、お母さんが乗りたいと言ったヨットに△をつけましょう。

・ブドウの段です。まりちゃんとおばあさんの好きなお花の正しい組み合わせはどれですか。その四角に○をつけましょう。

・サクランボの段です。おじいさんとおばあさんのお家にお出かけしたときのまりちゃんの格好が正しく描いてあるものに○をつけましょう。

・クッキーの段です。まりちゃんとももちゃんはクッキーを何枚ずつ食べましたか。その数だけ○をかきましょう。

## 2 推理・思考（重さ比べ）

・上の四角のお約束通りにシーソーがつり合います。では、シーソーの片側にキャベツ2個を載せたとき、反対側にタマネギをいくつ載せたらつり合いますか。その数だけイチゴの段の長四角に○をかきましょう。

・同じお約束で、シーソーの片側にキャベツ1個とナス4個を載せます。反対側にはタマネギをいくつ載せるとつり合いますか。その数だけリンゴの段の長四角に○をかきましょう。

・今度はシーソーの片側にタマネギを3個載せます。反対側にはナスをいくつ載せるとつり合いますか。その数だけバナナの段の長四角に○をかきましょう。

## 3 言語（しりとり）

・左端のものから始めて右に描いてあるものを全部しりとりでつないでいったとき、最後になるものに○をつけましょう。一番上の段を一緒にやってみましょう。左端の「星」から始めて、右のものをしりとりでつないでいきます。最後は「耳」になるので、耳の絵に○をつけましょう。では同じように、一番下までやりましょう。

## 4 観察力

・上のパズルで、動物の顔が描いてあるところにはどのような形のピースが入りますか。下のそれぞれの動物の段から選んで、ピッタリ入るピースに○をつけましょう。ヒツジの段は、使わないパズルを1枚選んで×をつけましょう。向きが変わっているものもありますので、よく見てください。

5 構　成

・左のカードを向きや順序を変えずにそのまま全部くっつけると、どのような絵になります
か。上のお手本のように右から選んで○をつけましょう。

6 観察力・常識

・四角の中に、いろいろな人や物の絵がありますね。このうち、目隠ししている人の前に
何を置くと、夏の遊びの絵になりますか。その絵に○をつけましょう。
・髪を1つに結んでいる人と、同じ遊びをしている人に◎をつけましょう。
・オニのお面をかぶっている人と、一緒に何かをしている人に×をつけましょう。
・子どもの日のお祝いをしている人と、こいのぼりを線で結びましょう。

🪨 巧緻性

カーテンリングが14個、両端にテープが巻かれた丸ひもが7本用意されている。
・1本のひもに2つずつリングを通して、1回結びましょう。ただし、ひもは小さい方の
リングに通してください。「やめ」と言われるまで、できるだけたくさんやりましょう。

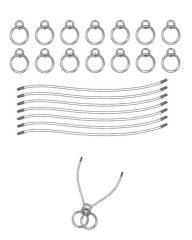

考査：2日目

## 集団テスト

🪨 リズム遊び

・円状に引かれた線の上に並び、テスターがたたく太鼓のリズムに合わせてスキップをす
る。
・床に置かれた丸い輪の中を、1人ずつケンパーで進む（ケンパー・ケンパー・ケンパー

パー）。

・テスターがたたく太鼓の音に合わせて行進をする。合図が鳴ったら2人組になり、同時に手を合わせて「こんにちは」と言って首をかしげる。2人の首をかしげた方向がそろったら、握手をする。これを何度かくり返す。

## 📖 共同制作（おみこし作り）

2つのグループに分かれて行う。段ボール箱で作られたおみこし、お花紙、キラキラしたテープ、スティックのり、はさみなどが用意されている。用意されたものを使って、おみこしに飾りをつける。

## 📖 行動観察（お祭りごっこ）

ボウリングコーナー、輪投げコーナー、キンギョやスーパーボールすくいのコーナーが用意されている。音楽が流れ始めたら好きな場所で自由に遊ぶ。流れている音楽が祭りのおはやしに変わったら、おみこし作りをしたグループごとに集まって自分たちで飾りつけをしたおみこしをかついで歩いたり、うちわや太鼓などでおはやしをしたりする。おみこしをかつぐ人とおはやしをする人は途中で役割を交代する。流れている祭りのおはやしが元の音楽に戻ったら、またいろいろなコーナーで自由に遊ぶ。テスターが太鼓をたたいたら遊ぶのをやめて片づけをする。

# 親 子 面 接

## 📖 言　語

2枚の絵を見せられて質問に答える。考査日によって、「キンギョに餌をやっている絵」と「おはしを並べている絵」または「窓をふいている絵」か、「お花に水やりをしている絵」と「机をふいている絵」など2種類の絵の組み合わせが違う。
・これは何の絵ですか。
・このようなお手伝いをしたことがありますか。
・そのほかにどのようなお手伝いをしたことがありますか。

### 本 人

・お名前を教えてください。
・お外（お家の中）ではどのようなことをして遊びますか。
・小学生になったら、何を頑張りたいですか。

### 父 親

・ご自身が小さいころにしたお手伝いを、お子さんにお話ししてください。

・お子さんとはどのようにして遊びますか。

・お家でお子さんと遊んだときのエピソードを教えてください。

・最近のご家族での思い出をお話しください。

・志望動機をお聞かせください。

・本校がカトリック校であることについて、どのように思いますか。

## 母　親

・どのようなお手伝いを頑張ってほしいか、お子さんにお話ししてください。

・お子さんとはどのようにして遊びますか。

・お子さんと最近どのような遊びをしましたか。

・お家での遊びのエピソードを教えてください。

## 面接資料／アンケート

出願後の指定日時に参考票（面接資料）を持参する。参考票には、以下のような記入項目がある。

①本校をどのようなことでお知りになりましたか。

②本校を志望したのはなぜですか。

③ご家庭の教育方針をお書きください。

④志願者本人について、学校がうかがっておいた方がよいとお考えの点がありましたら、お書きください。

⑤そのほかうかがっておいた方がよいと思われる点がありましたら、何でもご記入ください。

※ほかに、家族構成を記入し、家族写真を貼付する。

**2**

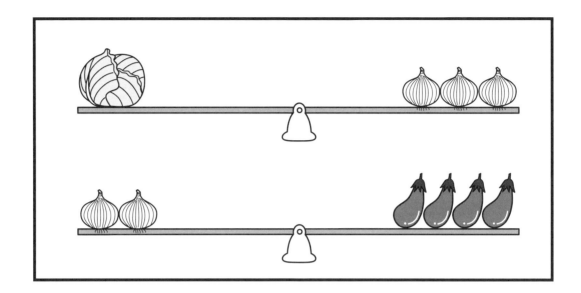

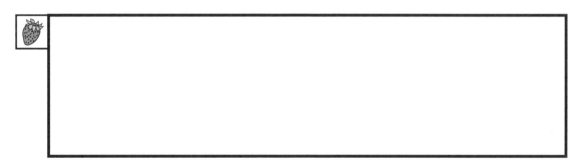

**4**

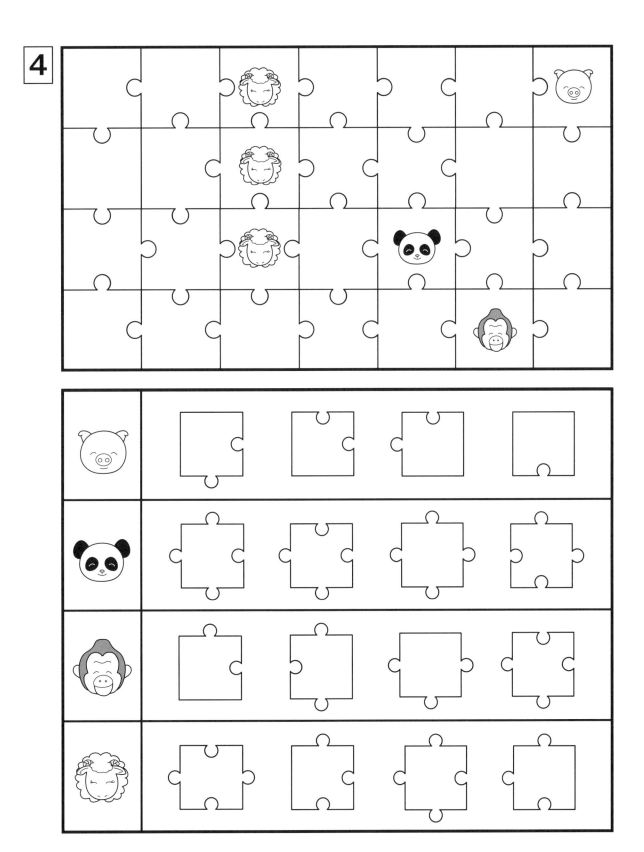

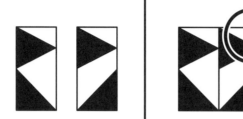

**6**

# 2019 雙葉小学校入試問題

## ■ 選抜方法

受験番号は五十音順で決められる。考査は3日間のうち指定された2日間で行う。1日目は約25人単位でペーパーテストと巧緻性の課題、2日目は10〜20人単位で集団テストを行った後、親子面接を行う。所要時間は1日目が約40分。2日目が約50分（集団テストは約30分で、その後順次面接を行う）。

### 考査：1日目

## ■ ペーパーテスト

筆記用具は青のフェルトペンを使用し、訂正方法は〰〰（ギザギザ線）。出題方法は話の記憶のみ音声で、ほかは口頭。

### 1 話の記憶

「ある日、トマト君がスーパーマーケットで売れ残ってしまいました。次の日、男の子とそのお母さんがトマト君を買って帰ってくれたので、トマト君はうれしくなりました。トマト君は、お家に帰ったお母さんに、冷蔵庫の下から2段目に入れられました。そこには、ニンジンとキャベツとブロッコリーがいました。それから、トウモロコシ、キュウリ、袋に入った3人きょうだいのナス、ジャガイモが入ってきました。キュウリがトマト君の上に乗ってきたので、トマト君が『重たいなぁ、やめてよ！』と言うと、キュウリは場所を変えてくれました。ニンジンが『誰が最初に冷蔵庫から出られるかしら。競争しましょうよ！』と言ったので、トマト君は『1番になりたいな』と思いました。お母さんが夕食の支度を始めるとニンジンが最初に取り出され、うれしそうに出ていきました。その後、ジャガイモとナスのきょうだいも使われることになりました。タマネギがまず鍋に入り、その後でニンジン、ジャガイモの順番で入りました。最後にナスが入れられて、おいしそうなカレーのできあがりです。お父さんもお姉さんもできあがるのを楽しみに待っていました。トマト君が『僕はまだ使われないのかな』と悲しそうにつぶやくと、キャベツは『一緒にサラダになるかもしれないよ。ブロッコリーも入るかもね』といいました。そこで、トマト君は自分が入った料理をたくさん考えました。トマトスパゲティ、サラダ、トマトスープ、いろいろ考えているとうれしくなってきて、使われるのを楽しみに待っていました。すると冷蔵庫が開いて、お母さんがトマト君とキャベツ、ブロッコリーを取り出しました。トマト君は4つ、ブロッコリーは茹でて8つに切られました。お皿の真ん中には細く切られたキャベツがのせられ、その周りには緑、緑、赤という順番でブロッコリーとトマト君が丸くなるように並べられました。家族みんなにおいしそうと喜んでもらって、トマト君はうれしくなりました」

・イチゴの段です。トマト君は冷蔵庫のどこに入れられましたか。その場所を矢印でさしている絵を選んで○をつけましょう。

・ブドウの段です。トマト君に話しかけたものに○をつけましょう。

・同じところです。トマト君の後から冷蔵庫に入ってきた野菜に×をつけましょう。

・リンゴの段です。カレーを作る鍋にはどのような順番で野菜が入りましたか。正しい順番が描かれている四角に○をつけましょう。

・バナナの段です。いくつの料理ができあがりましたか。その数だけ○をかきましょう。

・サクランボの段です。お話に出てきたサラダはどれですか。正しい絵に○をつけましょう。

## 2 数 量

・リンゴの段です。切り株の上にあるドングリとクリはいくつ違いますか。その数だけ○をかきましょう。

・バナナの段です。葉っぱ1枚でドングリ2つを包みます。包みはいくつできますか。その数だけ○をかきましょう。

・ミカンの段です。クマさんがリスさんに、お花10本を花束にしてプレゼントします。お花はあと何本あればよいですか。その数だけ○をかきましょう。

・ブドウの段です。ドングリ2つとクリ1つでやじろべえを作ります。やじろべえはいくつできますか。その数だけ○をかきましょう。

## 3 話の理解・観察力

・わたしは帽子をかぶり、左手を挙げています。わたしに○をつけましょう。

・わたしの右にいる女の人が電車を降りようとしています。わたしに×をつけましょう。

・絵の中にある帽子の数だけ、イチゴの横の四角に○をかきましょう。

・わたしは、駅のホームで電車に乗ろうとして並んでいる、髪を二つに結んでいる女の子です。わたしの後ろには何人並んでいますか。その数だけブドウの横の四角に○をかきましょう。

## 4 推理・思考（ルーレット）

・太陽のところを見ましょう。ルーレットの外側の果物が描かれた丸が、矢印の方向に1つずつ回ります。ウサギのところにリンゴが来たとき、ネコのところに来る果物に○をつけましょう。

・月のところを見ましょう。ルーレットの外側の果物が描かれた丸が、矢印の方向に1つずつ回ります。サルのところにサクランボが来たとき、リスのところに来る果物に○をつけましょう。

・星のところを見ましょう。ルーレットの外側の果物が描かれた丸は白い矢印の方向に2

つずつ、内側の動物が描かれた丸は黒い矢印の方向に１つずつ動きます。サルがクマのところに来たとき、サクランボのところに来る動物の絵に○をつけましょう。

### 5 観察力（欠所補完）

・左の絵の空いているところにピッタリあてはまるものを、右から選んで○をつけましょう。

### 6 常 識

・イチゴの段です。秋の果物ではないものに○をつけましょう。
・ミカンの段です。冬の間、寝てばかりいる生き物に○をつけましょう。
・バナナの段です。行事の絵があります。この絵の中で、一年の最初にある行事から順番に数えると４番目になるものに○をつけましょう。
・ブドウの段です。犬が出てくる昔話に○をつけましょう。

### 📎 巧緻性

正方形の厚紙が10枚、輪ゴムが10本用意されている。
・真四角の厚紙を２枚で１組にして、輪ゴムを二重にかけて留めましょう。

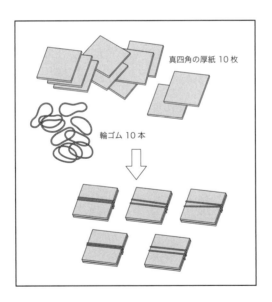

真四角の厚紙 10 枚

輪ゴム 10 本

**考査：2日目**

# 集団テスト

### 📎 集団ゲーム（猛獣狩りゲーム）

「猛獣狩りに行こうよ」の歌に合わせて、テスターのまねをしたり、手をたたいたりしながら行進する。テスターの言う動物の名前の音の数と同じ人数でお友達とグループになり、立ったまま手をつなぐ。お友達が足りない場合は、テスターに声をかけてもよい。1回目は白線の上を並んで行進し、2、3回目は好きな場所を行進する。

## 行動観察（生き物の家作り）

3つのグループに分かれて行う。トラ、ゴリラ、ワニなどの大きなぬいぐるみや浮き輪が床に置かれている。段ボール箱、大きなブロック、紙や布でできた花や葉っぱ、段ボール紙でできた肉やバナナ、すずらんテープなどが用意されている。用意されたものを使って、グループごとに割り当てられた生き物の家を協力して作る。できあがったら、それぞれの生き物の家同士を行き来できるように、大きなブロックで橋を架ける。笛が鳴ったら、みんなで片づけをする。

# 親 子 面 接

## 親子課題

お弁当箱、布やプラスチックでできたおにぎりやウインナーなど模擬のおかずが用意されている。
・用意されたものでお弁当を作りましょう。お父さんやお母さんと相談してもよいですよ。

### 本 人

・お名前を教えてください。
・お家ではどんなことをして遊びますか。
・今日、この面接の前にやってきたことで、何が楽しかったですか。
・この後お家に帰ったら、お父さん、お母さんと何をしたいですか。
・お弁当に入っているものの中で、好きなものは何ですか。（発展して質問がある）
・お母さんの作るお料理で好きなものは何ですか。
・お弁当を持ってどこかにお出かけしたことはありますか。誰とどこに出かけましたか。

### 父 親

・志望動機をお聞かせください。
・お子さんの成長を感じるのはどんなときですか。
・お子さんとご自身とで、似ているところはありますか。どのようなところですか。
・小さいころのお弁当の思い出はありますか。

**母親**

・お弁当を作るときに気をつけていることはありますか。

・ご自身とお子さんとで、似ているところはありますか。どのようなところですか。

・女子校については、どのようにお考えですか。

**面接資料／アンケート**　出願後の指定日時に参考票（面接資料）を持参する。参考票には、以下のような記入項目がある。

①本校をどのようなことでお知りになりましたか。

②本校を志望したのはなぜですか。

③ご家庭の教育方針をお書きください。

④志願者本人について、学校がうかがっておいた方がよいとお考えの点がありましたら、お書きください。

⑤そのほかうかがっておいた方がよいと思われる点がありましたら、何でもご記入ください。

※ほかに、家族構成を記入し、家族写真を貼付する。

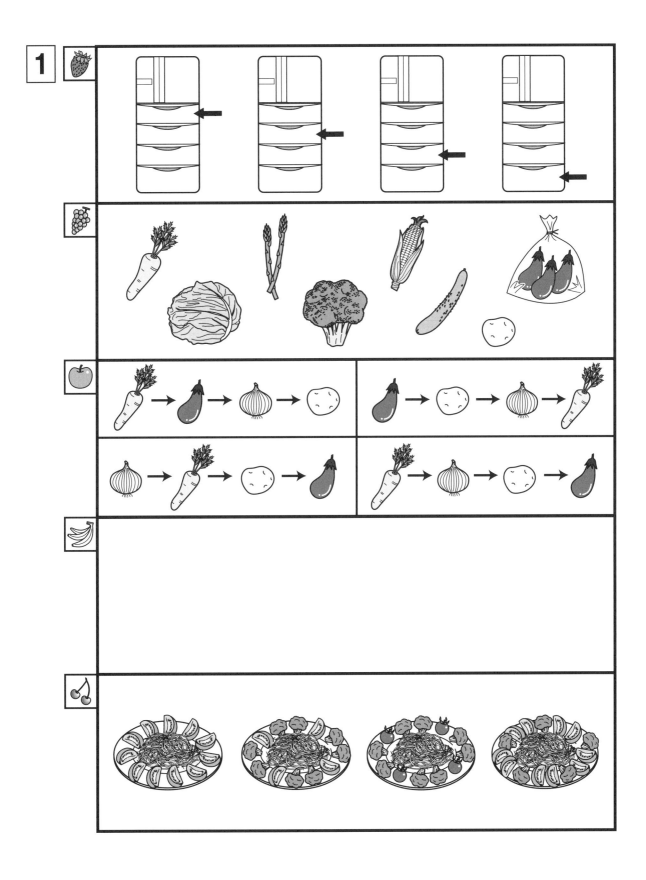

**3**

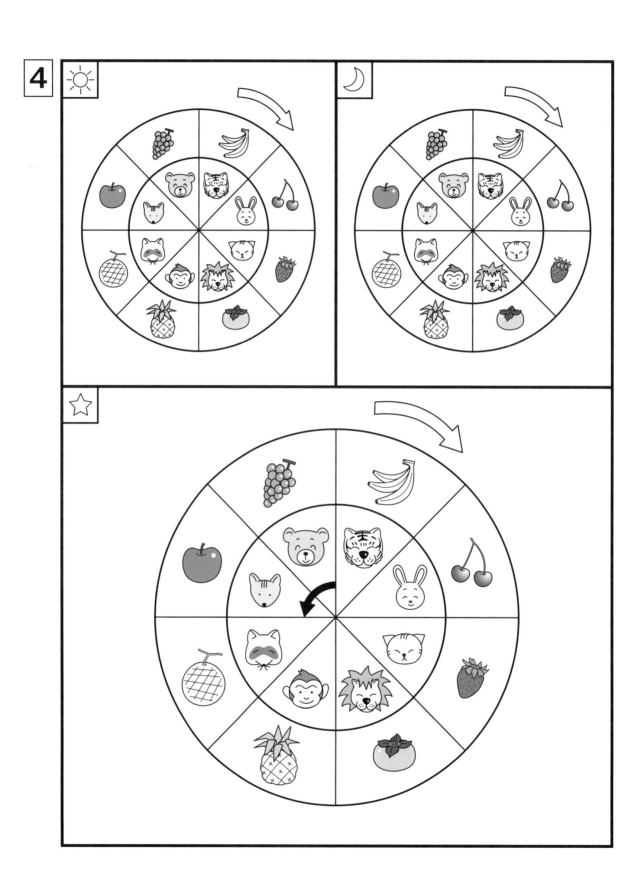

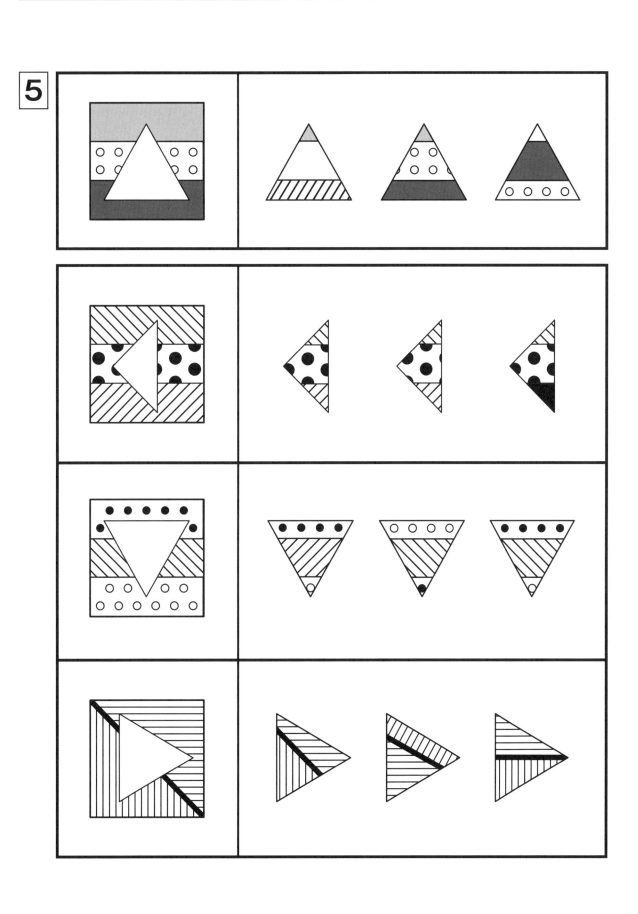

**6**

# 2018 雙葉小学校入試問題

section

## ■ 選抜方法

受験番号は五十音順で決められる。考査は3日間のうち指定された2日間で行う。1日目は約25人単位でペーパーテストと巧緻性の課題、2日目は15〜20人単位で集団テストを行った後、親子面接を行う。所要時間は1日目が約40分。2日目が約50分（集団テストは約30分で、その後順次面接を行う）。

## 考査：1日目

| ペーパーテスト | 筆記用具は青のフェルトペンを使用し、訂正方法は∧∧（ギザギザ線）。出題方法は話の記憶のみ音声で、ほかは口頭。 |
|---|---|

### 1 話の記憶

「今日はとてもよいお天気です。動物村の秋の運動会が開かれる日です。動物たちはみんなこの日をとても楽しみにしていました。小鳥さん親子も、お空の上から運動会の応援をする予定です。森の広場には四角や三角のきれいな旗が風に揺れています。小鳥さん親子が広場の上に着くと、きれいな旗の下でちょうど綱引きが始まるところでした。ウサギさんチームとタヌキさんチームが綱を引き合い、どちらも頑張りましたが、最後はタヌキさんチームが勝ちました。次の競技はイヌさんたちの玉入れです。みんなこの日のために、一生懸命練習をしてきました。初めは白の玉がたくさん入っていたのですが、どちらも負けないくらい頑張って、最後の最後で玉がたくさん入った赤が勝ちました。次はいよいよかけっこです。『みんな頑張れ』とタヌキさん、ネコさんもポンポンを振って応援しています。キツネさん、ウサギさん、クマさん、リスさんで競走です。『ヨーイ、ドン』。みんな一斉にスタートしました。クマさんが先頭で、その次はウサギさんです。あっ、ウサギさんが転んでしまいました。ウサギさんはすぐに立ち上がって痛い脚をさすり、また走り出しました。リスさんはキツネさんに追い越されてしまい悔しそうです。クマさんはそのまま1等賞。ウサギさんも頑張りましたが、最後にゴールしました。夕暮れどきとなり、辺りは少しずつ暗くなってきました。小鳥さん親子はもう少し応援したいと思いましたが、この後に大玉転がしとダンスを観て帰ることにしました。動物たちはみんな一生懸命頑張って、とても楽しい運動会でした」

・イチゴの段です。小鳥さん親子が初めに観た競技の様子に○をつけましょう。
・ブドウの段です。玉入れで、最後に赤、白どちらが勝ちましたか。お話と合っている絵に○をつけましょう。

・リンゴの段です。ポンポンを振って応援していた動物に○をつけましょう。

・同じ段です。小鳥さん親子が応援したものの中で、２つの種目に出た動物に×をつけましょう。

・バナナの段です。かけっこでゴールした順番に、左から動物が描いてあります。お話と合っている絵の左の四角に○をかきましょう。

・サクランボの段です。小鳥さん親子は、全部でいくつの競技を観たと思いますか。その数だけ○をかきましょう。

## ② 数 量

・リンゴのところです。３人の男の子がお皿のアメを２つずつ食べると、アメはいくつ余りますか。その数だけ下の四角に○をかきましょう。

・ブドウのところです。丸いお皿から四角いお皿にアメをいくつ移すと同じ数になりますか。その数だけ下の四角に○をかきましょう。

・イチゴのところです。お兄さんと弟でお皿のアメを全部分けます。お兄さんの方が２つ多くなるように分けると、お兄さんのアメはいくつになりますか。その数だけ下の四角に○をかきましょう。

・ミカンのところです。お皿のアメをお父さんは２つ、おばあさんも２つ、お母さんは３つ袋に入れると、アメはいくつ余りますか。その数だけ下の四角に○をかきましょう。

## ③ 観察力・数量

たろう君がお友達と「だるまさんがころんだ」をして遊んでいます。

・たろう君はオニの子から見て、後ろから３番目にいます。たろう君に○をつけましょう。

・はなこさんは帽子をかぶり、右手を上げています。はなこさんに△をつけましょう。

・たろう君と同じ手を上げている子に×をつけましょう。

・リスさんがキノコと同じ数だけリンゴを採ると、リンゴはいくつ残りますか。その数だけイチゴの横の四角に○をかきましょう。

## ④ 推理・思考（対称図形）

・左端のように折り紙を四つ折りにして、重ねたまま黒いところを切って開くとどのような形になりますか。右から選んで○をつけましょう。

## ⑤ 常 識

・野菜や果物と、それを半分に切ったときの様子を、それぞれ上と下から選んで、点と点を線で結びましょう。一番下の段は、黒い線のところで切ったときの様子を選んでください。

6 位置の移動

上のお約束のように、それぞれの動物たちがマス目を進みます。では、下のマス目を見てください。

・ウサギが今いるところから上のお約束の通りに進むと、どこに着きますか。そのマス目に△をかきましょう（例題としてテスターと一緒に行う）。

・ゾウが今いるところから上のお約束の通りに進むと、どこに着きますか。そのマス目に○をかきましょう。

・クマが今いるところから上のお約束の通りに進むと、どこに着きますか。そのマス目に×をかきましょう。

・サルが今いるところから進んで星印のところに着くには、どのように進むとよいですか。下の3つの中から選んで、左端の四角に○をかきましょう。

🔲 巧緻性

ビニール袋に入った短冊8枚と、楕円のシールが配られる。

・短冊を輪にしてシールを貼って留め、トレーの上に置きましょう。全部やりましょう。

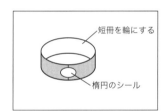

短冊を輪にする

楕円のシール

考査：2日目

▌ 集団テスト ▌

🔲 集団ゲーム（フルーツバスケット）

上に1人だけ立てるくらいの大きさの赤、青、黄色、緑の丸が、床にたくさんかいてある。タンバリンの音に合わせて行進し、音が止まったら自分から近いところにある丸の上に立つ。テスターが「今日、ご飯を食べてきた人」「牛乳を飲んできた人」「お花が好きな人」などと聞くので、それに自分があてはまったら手を挙げて、テスターに指示された色の丸に移動する。

🔲 行動観察（お買い物ごっこ）

フルーツバスケットで最後に同じ色の丸にいた子どもごとに4、5人のグループになり、

お買い物ごっこをする。全部で4つのグループのうち、2グループがお店屋さん、ほかの2グループがお客さんになって、役割を交替しながら行う。造花、花瓶、人形、ぬいぐるみ、模擬のお寿司やジュース、花やハートの形をしたスポンジなどが用意されており、お店屋さんのグループはグループごとに相談して何屋さんにするか決める。決まったら、グループごとにマットの上に品物を並べて値段を決め、正座をしてお客さんを迎える。お客さんのグループは用意されている買い物用のカゴを持ち、テスターからチケットを5枚もらってそれぞれ買い物をする。チケットがなくなったら、テスターにもらいに行く。タンバリンが鳴ったら、役割を交替して行う。

## 親　子　面　接

### 📖 親子ゲーム

入室してから本人への2問程度の質問の後、動物の絵柄のパズル（数ピースはすでに置かれている）を渡され、「家族で遊んでください」と言われる。テスターから「そこまででいいですよ」と言われたら、再び本人への質問が始まる。

**本　人**

・お名前を教えてください。
・今日、面接の前にどんなことをしてきましたか。何屋さんになりましたか。
・家族でどのような遊びをしますか。（発展して質問がある）
・大きくなったら何になりたいですか。（発展して質問がある）

**父　親**

・志望動機をお聞かせください。（父親・母親のどちらが答えてもよいという前置きがある）
・お子さんと、家で何をして遊びますか。
・ご家族で遊んだ思い出はありますか。
・最近家族でしたことで、楽しかったことは何ですか。
・家族で協力して何かを行うことはありますか。
・ご家庭で大切にしていることは何ですか。
・子育てで特に意識をしていることは何ですか。
・子どものころ、将来何になりたかったですか。
・休日はどんなことをして過ごしますか。

**母　親**

・志望動機をお聞かせください。（父親・母親のどちらが答えてもよいという前置きがある）

・お子さんと、家で何をして遊びますか。

・最近家族でしたことで、楽しかったことは何ですか。

・ご家庭で大切にしていることは何ですか。

・子育てで特に意識をしていることは何ですか。

・しつけについて、ご家庭でどのように行っていますか。

## 面接資料／アンケート

出願後の指定日時に参考票（面接資料）を持参する。参考票には、以下のような記入項目がある。

①本校をどのようなことでお知りになりましたか。

②本校を志望したのはなぜですか。

③ご家庭の教育方針をお書きください。

④志願者本人について、学校がうかがっておいた方がよいとお考えの点がありましたら、お書きください。

⑤そのほかうかがっておいた方がよいと思われる点がありましたら、何でもご記入ください。

※ほかに、家族構成を記入し、家族写真を貼付する。

**1**

**2**

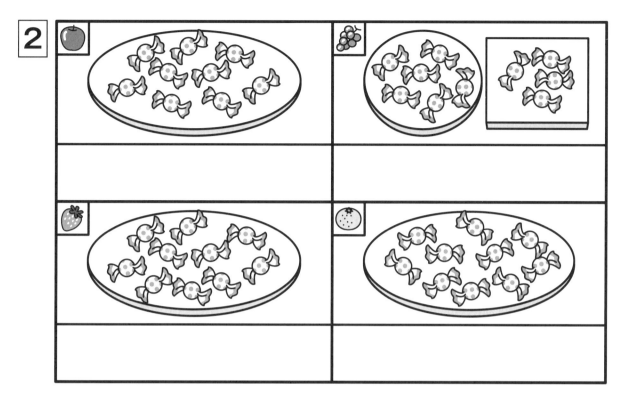

**3**

**4**

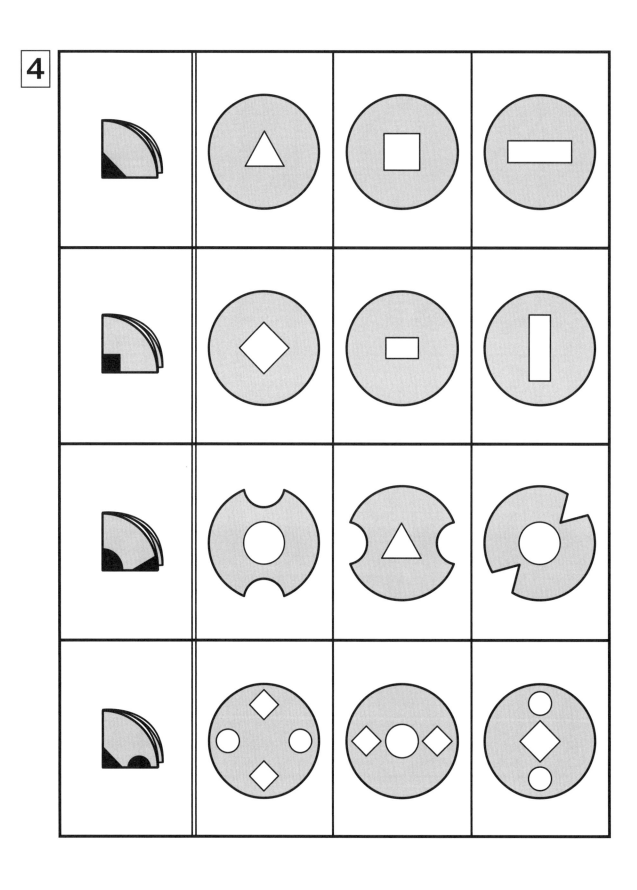

**5**

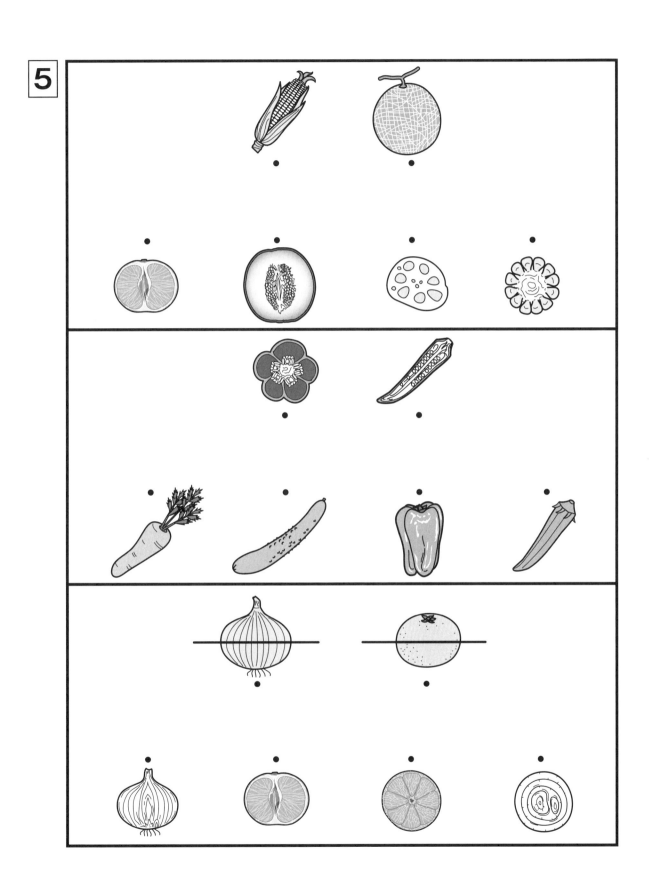

**6**

| 🐰 | ↓ → ↓ → ↓ ↓ | △ |
|---|---|---|
| 🐘 | ↓ ↓ → ↓ → → ↑ → ↑ | ○ |
| 🐻 | ↓ → ↓ ← ← ↑ ← ↓ → | × |

| 🐰 | | | | | | |
|---|---|---|---|---|---|---|
| | ★ | | 🐵 | | | |
| | | | | | | |
| | | | | | 🐻 | |
| | | | | | | |
| 🐘 | | | | | | |
| | | | | | | |
| | | | | | | |
| | | | | | | |

| | 🐵 | ↑ ← ← ↓ ↓ → ↓ ← ↓ → |
|---|---|---|
| | 🐵 | ↓ ← ↓ ← ↓ → ↓ ↓ ← ← |
| | 🐵 | ↓ ↓ ← ← ↓ ← ↑ ↑ → ↑ |

# 2017 雙葉小学校入試問題

## 選抜方法

受験番号は五十音順で決められる。考査は3日間のうち指定された2日間で行う。1日目は約25人単位でペーパーテストと巧緻性の課題、2日目は10～20人単位で集団テストを行った後、親子面接を行う。所要時間は1日目が約40分。2日目が約50分（集団テストは約30分で、その後順次面接を行う）。

### 考査：1日目

## ペーパーテスト

筆記用具は青のフェルトペンを使用し、訂正方法は〰〰（ギザギザ線）。出題方法は話の記憶のみテープで、ほかは口頭。

### 1 話の記憶

「ある晴れた日曜日の朝、お父さんが『今日はみんなでゆっくりお話をしよう』と言うので、すみれちゃんはお父さんの隣に座り、お父さんの向かい側にはお母さん、その隣に弟のけんと君が座って、朝ごはんの後に幼稚園のことなどいろいろなお話をしました。すみれちゃんからは、けんと君の後ろの窓から外の大きな木が見えます。天気がよいので、木も喜んでいるようです。すみれちゃんが『この間お母さんが作ってくれたパンケーキ、とってもおいしかったよね。もう一回食べたいな！』と言うと、お母さんが『そんなにおいしかったの？　うれしいわ』と笑顔で言ってくれました。『それじゃあ、今度はみんなで作ろうか』とお父さんが言うと、お母さんが『これから作りましょうか。でも足りない材料があるから、すみれちゃんとけんと君の2人でお買い物に行ってきてくれるかしら？』と言いました。2人は『もちろん！』と張り切っています。『果物のたくさんのったパンケーキもよいわね。では、6個入りの卵のパックと、大きなカップに入ったアイスクリーム、それにサクランボとイチゴとバナナを買ってきてね』と5つの品物を2人に頼みました。2人は近くのスーパーマーケットに出発です。お父さんとお母さんは玄関で見送ってくれました。お店に着くと、けんと君は急いで果物売り場に行きました。イチゴとサクランボを見つけて買い物カゴに入れると、けんと君が『お姉ちゃん、メロンもあるよ。メロンも食べたいな』と言いましたが、すみれちゃんは『また今度にしようね』と言いました。次に卵売り場に行きました。いろんな種類があり迷ってしまいましたが、けんと君が『4個入りのパックだよね』と言ったので、4個入りの卵のパックを買い物カゴに入れました。ほかの買い物も済ませてお家に帰ると、お父さんとお母さんが準備をして待っていました。さっそくみんなでパンケーキを作り始めます。お母さんが焼いてくれたパンケーキに、みんなで果物や生クリームを使って思い思いに飾りつけをすることにしました。すみれちゃ

んは、パンケーキに生クリームを薄く塗って、その上にもう一枚のパンケーキを重ね、一番上にイチゴ、生クリーム、イチゴ、生クリームの順番で飾りつけをして、真ん中にアイスクリームを1つのせました。けんと君が『僕はお姉ちゃんみたいにパンケーキの間に生クリームを塗って、上のパンケーキにアイスクリームとサクランボをのせよう！　メロンものせたかったな』と言うと、すみれちゃんは『メロンは今度のせようね』と言い、『お父さんはどうするの？』とお父さんに聞きました。『お父さんは1枚でいいよ。その代わりにイチゴ・バナナ・イチゴ・バナナの順番で並べて、アイスクリームを真ん中に2つのせよう』と言いました。するとお母さんも『わたしも1枚でいいわ。イチゴと生クリームを上にのせて、アイスクリームはなしにするわ』と言いました。さあ、みんなのパンケーキができあがりました。自分で作ったパンケーキはおいしさも格別です。みんなで楽しくおしゃべりしながら、おいしくいただきました」

- イチゴの段です。みんなでお話をしているときの様子に合うものを選んで○をつけましょう。
- ブドウの段です。お母さんにお買い物を頼まれたものに○をつけましょう。
- 同じ段です。お買い物で間違えて買ってしまったものに×をつけましょう。
- リンゴの段です。みんなが食べたパンケーキは全部で何枚ですか。その数だけ○をかきましょう。
- バナナの段です。すみれちゃんが作ったパンケーキに○、お父さんが作ったパンケーキに△をつけましょう。

## 2 話の理解・数量

- わたしは右手を挙げて、しましまの浮き輪を持っています。わたしに○をつけましょう。
- わたしの隣には、しましまの水着を着て、ビーチボールで遊んでいる人がいます。わたしに×をつけましょう。
- 浮き輪をつけて泳いでいる人は何人いますか。その数だけイチゴの段の四角に○をかきましょう。
- 砂浜にいる人が貝を1つずつ拾うと、貝はいくつ余りますか。その数だけバナナの段の四角に○をかきましょう。

## 3 数量（マジックボックス）

- 上の四角を見ましょう。星の箱は白い方から丸が入ると1つ増え、黒い方から丸が入ると2つ減ります。ハートの箱は白い方から丸が入ると入ったのと同じ数だけ増え、黒い方から丸が入ると入った数の半分になってしまうというお約束です。では下のそれぞれの段で左の丸が矢印のように箱を通ると、丸はいくつになりますか。その数だけ右の四角に○をかきましょう。

4 推理・思考（回転図形）

・左端の形を星の数だけ矢印の方向にコトンと倒すとどのようになりますか。右から選んで○をつけましょう。

5 系列完成

・左に絵が決まりよく並んでいます。空いている四角に入る絵を右から選んで、絵の横の四角に○をかきましょう。

6 観察力

・リンゴの段です。左にあって右にはないものはどれですか。左から選んで○をつけましょう。

・イチゴの段です。左にはなくて右にはあるものはどれですか。右から選んで○をつけましょう。

・ブドウの段です。左と違うものを右から選んで○をつけましょう。

## 巧緻性

4本の赤いひもを半分に折り、輪ゴムで束ねて8本のふさ状にしたものが用意されている。

・ひもにビーズを1つずつ通して、そのビーズが落ちないようにひもの先を玉止めにしましょう。できるだけたくさんやりましょう。

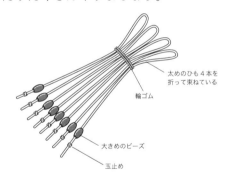

太めのひも4本を
折って束ねている

輪ゴム

大きめのビーズ

玉止め

**考査：2日目**

## | 集団テスト |

## リズム遊び・集団ゲーム（友達づくりゲーム）

タンバリンの音に合わせて「森のくまさん」を歌いながら歩く。タンバリンの音が一度止まりもう一度鳴ったら、その音の数と同じ人数になるようにお友達とグループを作る。

## 📑 行動観察（バーベキューごっこ）

野菜採りと魚釣りの2つのグループに分かれて、バーベキューの材料を収穫する。畑に見立てたビニールプールの中に裂いた新聞紙やバスタオルがあり、野菜を採るグループはその下に置かれた野菜をスコップを使って採る。池に見立てたビニールシートの上にはクリップのついた魚があり、魚を釣るグループは磁石のついたさおを使って魚を釣る。タンバリンの音が鳴ったらテスターのところに集まり、役割を交替する。再度タンバリンの音が鳴ったらまたテスターのところに集まり、バーベキューセット、コップ、お皿、トングなどが用意されたバーベキューのコーナーに収穫した野菜と釣った魚を運んでお友達と一緒にバーベキューごっこを行う。

# 親 子 面 接

## 📑 言　語

本人が名前を言った後に5枚の絵カードから1枚を引き、その絵からつながるように家族でしりとりをする。テスターから「そこまででいいですよ」と言われたら、本人から面接が始まる。

### 本 人

・お名前を教えてください。
・今日、面接の前にどのようなことをしてきましたか。
・しりとりはお家でもしますか。
・お父さんとはどのようなことをして遊びますか。（発展して質問がある）
・きょうだいとは、どのようなことをして遊びますか。
・きょうだいとけんかはしますか。（発展して質問がある）
・公園には行きますか。どのようなことをして遊びますか。

### 父 親

・志望動機を短くお話しください。（父親・母親のどちらが答えてもよいという前置きがある）
・宗教教育についてどのように思いますか。
・ご家族で出かけたときの思い出をお話しください。（その後本人にも同じような質問がある）
・休日はどのようなことをして過ごしますか。
・子どものころにご家族で遊んだ思い出はありますか。（発展して質問がある）

**母　親**

- ・志望理由をお話しください。
- ・宗教教育についてどのように思いますか。
- ・女子校を選んだ理由をお聞かせください。
- ・ご家族で出かけたときの思い出をお話しください。（その後本人にも同じような質問がある）
- ・子どものころにご家族で遊んだ思い出はありますか。（発展して質問がある）

**面接資料／アンケート**　　出願後の指定日時に参考票（面接資料）を持参する。参考票には、以下のような記入項目がある。

① 本校をどのようなことでお知りになりましたか。

② 本校を志望したのはなぜですか。

③ ご家庭の教育方針をお書きください。

④ 志願者本人について、学校がうかがっておいた方がよいとお考えの点がありましたら、お書きください。

⑤ そのほかうかがっておいた方がよいと思われる点がありましたら、何でもご記入ください。

※ほかに、家族構成を記入し、家族写真を貼付する。

**2**

**3**

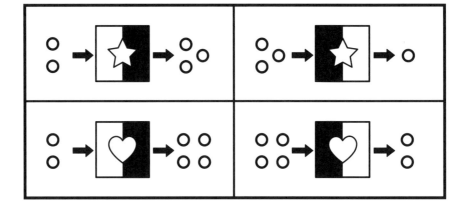

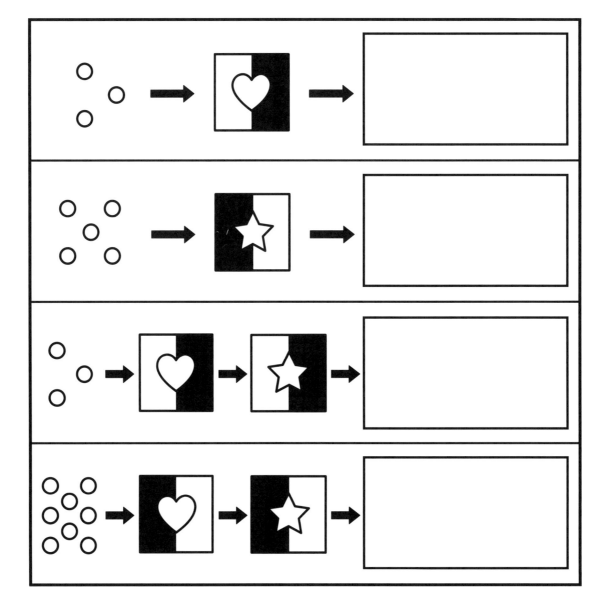

**4**

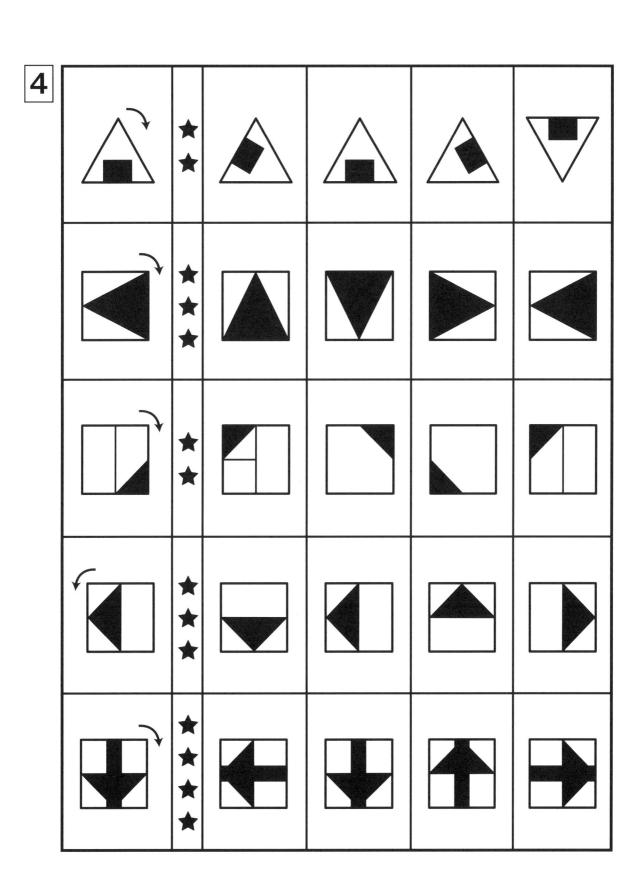

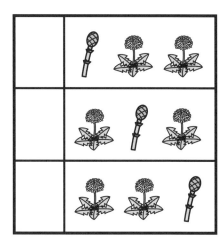

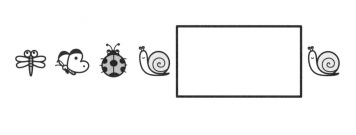
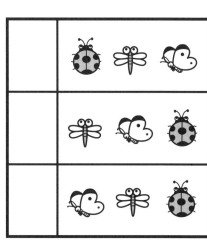

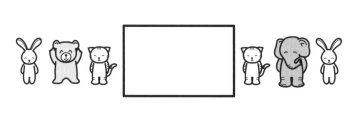

**6**

# 2016 雙葉小学校入試問題

## ■ 選抜方法

受験番号は五十音順で決められる。考査は3日間のうち指定された2日間で行う。1日目は約25人単位でペーパーテストと巧緻性の課題、2日目は10〜20人単位で集団テストを行った後、親子面接を行う。所要時間は1日目が約40分。2日目が約50分（集団テストは約30分で、その後順次面接を行う）。

### 考査：1日目

## ■ ペーパーテスト

筆記用具は青のフェルトペンを使用し、訂正方法は〰〰（ギザギザ線）。出題方法は話の記憶のみテープで、ほかは口頭。

### 1 話の記憶

「ある朝のことです。ふたばちゃんのお母さんが『起きて！ とてもいいお天気よ』と言ったのでカーテンを開けると、雲が1つしかないとてもよいお天気でした。ふたばちゃんはお父さん、お母さんと一緒に動物園に行くことになりました。ふたばちゃんは麦わら帽子と水玉のワンピースに運動靴を身につけて、水筒を肩から下げました。そして、リュックサックにはお弁当を入れてお出かけしました。お父さんが『今日のお弁当は何だろうね』と聞くと、『わたしが好きなものばかりなの！』とふたばちゃんは言いました。『ふたばの好きなものって何だっけ？』と聞かれたふたばちゃんは、『一番好きなものは玉子焼き、2番目はハンバーグ、3番目はトマト、4番目はから揚げ！』と答えました。動物園に着くと、まずおサルさんを見に行きました。その後、パンダさんが見えました。駆け寄ったふたばちゃんは、しばらくパンダさんをじっと見ていました。『そろそろ次の動物のところに行こうかな』と思ったときに風が吹き、ふたばちゃんの帽子が飛んでいってしまいました。ふたばちゃんは帽子を拾いに行きましたがなかなか見つからず、座り込んで泣いてしまいました。しばらくして泣きやんだふたばちゃんが周りを見回すと、お父さんとお母さんがいません。困ったふたばちゃんは辺りを見渡して、お父さんとお母さんを探しました。すると、どこからか声が聞こえてきました。最初は誰かわからずキョロキョロしていたふたばちゃんでしたが、すぐにその声がパンダさんから聞こえることに気づきました。パンダさんの方を見ると、パンダさんはふたばちゃんに『どうしたの？』と聞いてきました。ふたばちゃんは『パンダさんが話しかけてくれたのね。お父さんとお母さんを探しているの』と答えました。するとパンダさんは『ライオンさんのところに行ってごらん。きっと教えてくれると思うよ』と言いました。ふたばちゃんがライオンさんのところに行って訳を話すと、『キリンさんが見つけてくれるよ』と教えてくれたのでキリンさんのとこ

ろまで行き、お願いしました。キリンさんの子どもは、『僕が高いところから探してあげるよ』と言って、長い首を伸ばして探してくれました。『いたいた！　ゾウさんのところにいるよ。シマウマさんとダチョウさんの間を通って行くといいよ。ラクダさんの方には行かないでね』。そうキリンさんに教えてもらったふたばちゃんは、お礼を言ってからゾウさんのいるところまで行って、お父さんとお母さんを見つけました。『お父さん！　お母さん！』とふたばちゃんが元気な声で呼ぶと、お父さんたちも『探していたよ。よかった、よかった』と言ってくれました。お母さんの手には、飛んでいってしまったふたばちゃんの帽子がありました。『はい、帽子。さっき拾っておいたのよ』とお母さんは言うと、そっとかぶせてくれました」

・ブドウのところです。お話の朝のお天気に合うものを選んで○をつけましょう。
・リンゴのところです。四角の中のものでふたばちゃんが身につけたもの全部に○をつけましょう。
・イチゴのところです。ふたばちゃんが３番目に好きな食べ物に○をつけましょう。
・サクランボのところです。ふたばちゃんはどの動物の間を通ってゾウさんのところまで行きましたか。それぞれに○をつけましょう。
・バナナのところです。ふたばちゃんとお話をした動物全部に○をつけましょう。

## 2 数 量

・右手を挙げている動物の数だけイチゴの段に○をかきましょう。
・左向きに飛んでいるトンボと、右向きに飛んでいるトンボはいくつ違いますか。その数だけリンゴの段に○をかきましょう。

## 3 常 識

・ブドウのところです。掃除に使わないものに○をつけましょう。
・リンゴのところです。土の中で育たないものに○をつけましょう。
・イチゴのところです。花の色が変わるものに○をつけましょう。
・バナナのところです。皮をむいて食べないものに○をつけましょう。

## 4 構 成

・左のお手本を作るのに、使わないものを右から選んで×をつけましょう。

## 5 数量（すごろく）

・動物たちがすごろく遊びをしています。二重丸は２つ進む、星は３つ進む、三角は１つ戻るというお約束です。ウサギが星、星、二重丸で進み、タヌキは二重丸、星、二重丸で進んだときの、ウサギの場所に○、タヌキの場所に×をかきましょう。

・リンゴのところです。同じお約束で、クマ、パンダ、ネズミが遊びました。絵のような
　印で進むとき、ちょうど旗のところに来る動物に○をつけましょう。

### 6 推理・思考・観察力

・上の四角を見ましょう。点線の左側のお手本を右側のように2つのパズルに分けました。
　片方のパズルには白丸が黒くなるところが塗ってありますが、もう片方には黒くなるは
　ずのところが白いままで×がついています。お手本の下のパズルも同じようにどこが黒
　くなるか考えて、黒くなるはずのところに×をつけましょう。

### 📑 巧緻性

・動物のしょうゆ入れのふたを6個とも外しましょう。

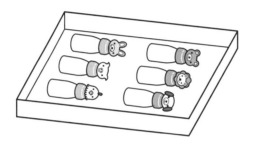

### 考査：2日目

## 集団テスト

### 📑 リズム遊び

　「おもちゃの兵隊の行進」の曲に合わせ、テスターのお手本を見ながら一緒に踊る。

### 📑 行動観察（レストランごっこ）

　レストランのコックさんとお客さんの2つのグループに分かれて行う。コックさん用とし
て、エプロンとコック帽、料理の道具や材料(フライパン、フライ返し、おたま、おはし、
お盆、模擬の食べ物、スポンジ、毛糸、リボン、お手ふき、紙皿、紙コップ、スプーン、
フォークなど)、お客さん用としてお店作りの材料（平均台、お花紙、ガムテープ、大き
いソフトブロック、いすなど）が用意されている。

・コックさんはエプロンとコック帽を身につけてから料理を作り、お客さんはお店を作り
　ましょう。用意ができたらレストランごっこをしてください。ベルが鳴ったら役割を交
　替しましょう。

## 親 子 面 接

### 本 人

・お誕生日はいつですか。
・お誕生日にはどのようなことをしましたか。プレゼントは何をもらいましたか。

### 7 言 語

テスターが示す絵を見て、質問に答える（絵は日時によって異なる）。
・（子どもがお父さんと手をつないで笑っている絵を示されて）これはどのような絵ですか。このように手をつないだとき、あなたならどのように思いますか。
・（子どもがお母さんに頭をなでられている絵を示されて）この子はどのような気持ちだと思いますか。このようにされたことはありますか。それはどのようなときでしたか。
・（子どもがみんなに拍手をされている絵を示されて）これはどのような絵ですか。あなたはこのようにされたことはありますか。それはどのようなときでしたか。

### 父 親

・女子教育についてどのようにお考えですか。
・宗教教育についてどのように思われますか。
・最近、お子さんが成長したと感じたことは何ですか。
・（子どもの回答を受けて）どのように思われましたか。

### 母 親

・カトリック教育についてどのようにお考えですか。
・この1年間でお子さんが変わったと感じられたことはどのようなことですか。
・お仕事で一番やりがいを感じることは何ですか。
・ご自身の小さいころのお誕生日の思い出はありますか。
・お子さんのお誕生日にしてあげたいことは何ですか。
・（面接で子どもが見た絵を基に）このような思い出はありますか。

### 面接資料／アンケート

出願後の指定日に参考票（面接資料）を持参する。参考票には、以下のような記入項目がある。

①本校をどのようなことでお知りになりましたか。
②本校を志望したのはなぜですか。
③ご家庭の教育方針をお書きください。

④志願者本人について、学校がうかがっておいた方がよいとお考えの点がありましたら、お書きください。

⑤そのほかうかがっておいた方がよいと思われる点がありましたら、何でもご記入ください。

※ほかに、家族構成を記入し、家族写真を貼付する。

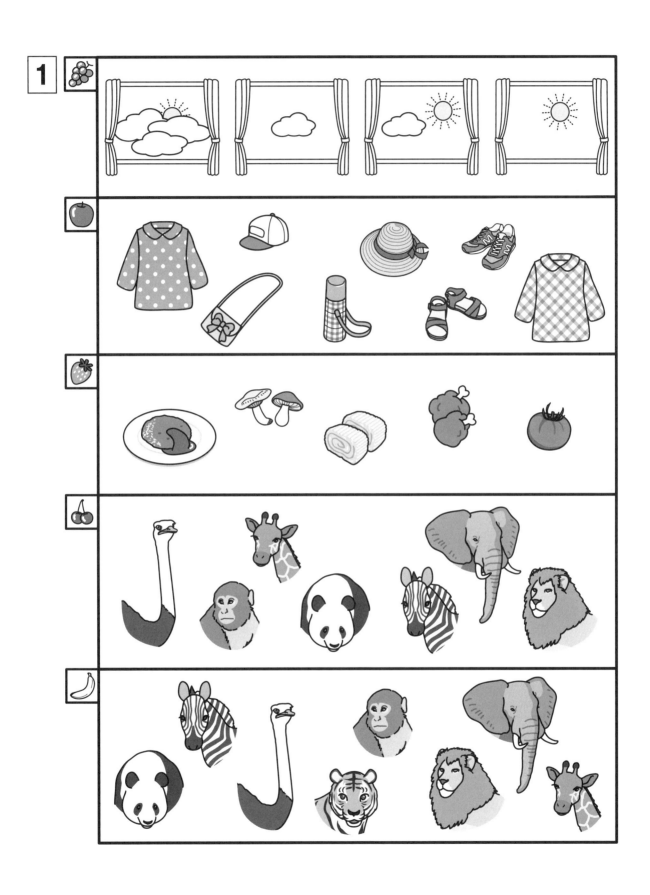

**2**

**4**

**5**

**6**

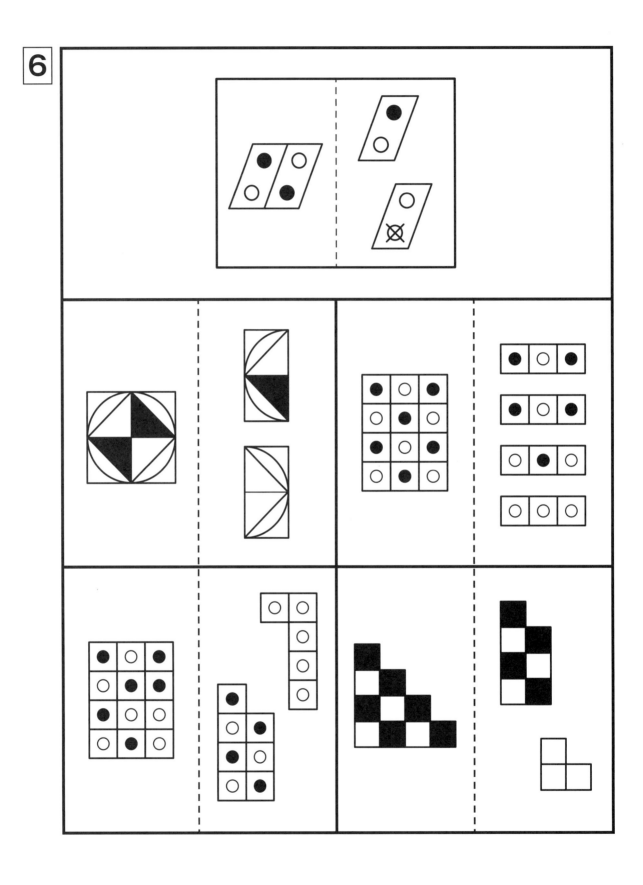

7

# 2015 雙葉小学校入試問題

## ■ 選抜方法

受験番号は五十音順で決められる。考査は3日間のうち指定された2日間で行う。1日目は約25人単位でペーパーテストと巧緻性の課題、2日目は10〜20人単位で集団テストを行った後、親子面接を行う。所要時間は1日目が約40分。2日目が約50分（集団テストは約30分で、その後順次面接を行う）。

### 考査：1日目

### ▎ペーパーテスト

筆記用具は青のフェルトペンを使用し、訂正方法は〜〜（ギザギザ線）。出題方法は話の記憶のみテープで、ほかは口頭。

### 1 話の記憶

「ある日、海の底でカニさんたちが遊んでいると、何かがゆらゆら海の底に落ちてきました。よく見ると、とてもきれいな宝石箱でした。力持ちのカニさんたちは、箱を『よいしょ！』と開けてみました。その中にはきれいなネックレスがいくつも入っていました。カニさんたちはそれが何なのか全くわかりません。そこで物知りのヒトデじいさんのところへ行って聞いてみました。『おじいさん、これが海の底に落ちてきたんだけれど、何かわかりますか？』と聞くと、ヒトデじいさんは『これは人間の持ち物でネックレスというきれいなものじゃ。もしかしたら今ごろ、探している人がいるかもしれんのう』と言いました。カニさんたちは落ちてきたものが何かわかったので、その持ち主に届けてあげることにしました。でも、カニさんたちではなかなか海の上の方まで持っていくことができません。カニさんたちはちょうど通りかかったイワシのお兄さんたちに頼んでみました。『僕たちに任せておけ！』と言って大勢で運び始めましたが、途中でイワシのお兄さんたちは自分たちが陸に上がることができないことを思い出しました。『どうしよう』と困っていると、タコさんがやって来ました。タコさんにお願いをすると、タコさんは『わかったよ。だったら、わたしの足にネックレスを1つずつかけてごらん』と言い、陸の方まで運んでいってくれました。そこへ突然サメがやって来てタコさんはびっくりしました。でもタコさんは体をくねらせながらサメを避けて、ゆっくりと海の上の方まで上がっていきました。何とか浜辺に来ましたが、ネックレスを持ったまま陸に上がることができません。困ったタコさんは、もう一度海の底に行って、カニさんたちに相談しようとしました。その途中で、ネックレスが1本なくなっていることに気づきました。『さっきサメが来てびっくりしたときに落としてしまったんだろうな……』と考えているところへ、カメさんが泳いできました。なんとその首にはネックレスがかかっているではありませんか。『ああ、よ

かった！　カメさん、拾ってくれたんだね！』とお礼を言ってネックレスを返してもらい、カニさんたちのところへ行きました。タコさんがうまく陸に上がれず人間に返すことができなかった話をすると、カニさんたちもちょっとがっかりしましたが、ヒトデじいさんは『みんながこれだけ頑張ったんだから、きっとそのうち持ち主に戻る日がやって来るよ』と言ってくれました」

・1段目です。タコさんはどのようにしてネックレスを運びましたか。正しいものに○をつけましょう。
・お話に出てこなかった生き物を、下の左上の四角の中から選んで○をつけましょう。
・ヒトデじいさんのところへ行った生き物を、下の右上の四角の中から選んで○をつけましょう。
・1匹で出てきた生き物を、下の左下の四角から選んで○をつけましょう。
・ネックレスを2番目に運んだのはどの生き物でしたか。下の右下の四角から選んで○をつけましょう。

## ② 話の理解・数量

・わたしは綱引きをしています。白い帽子をかぶっているクマです。わたしに○をつけましょう。
・わたしはエプロンをつけて応援しています。ウサギとイヌの間にいます。わたしに△をつけましょう。
・応援している動物の中で手を上げている動物と、上げていない動物の数は何匹違いますか。リンゴのところにその数だけ○をかきましょう。
・ウサギとクマの数は何匹違いますか。イチゴのところにその数だけ○をかきましょう。

## ③ 推理・思考（対称図形）

・左端のように折り紙を二つ折りや四つ折りにして、黒いところを切って開くと、どのような形になりますか。右から選んで○をつけましょう。

## ④ 数　量

・リンゴのところです。ウサギとクマが持っているクリの数が上下の段に描かれています。ウサギはクマよりも3つ多くクリを持っています。上下の組み合わせが正しい列の上の四角に○をかきましょう。
・バナナのところです。ネコとイヌが持っているドングリの数が上下の段に描かれています。ネコとイヌが持っているドングリの数は2個違います。上下の組み合わせが正しい列の上の四角に○をかきましょう。
・ブドウのところです。キツネとタヌキとパンダが持っているリンゴの数が上中下の段に

描かれています。キツネはタヌキよりも1個少なく、パンダよりも2個多くリンゴを持っています。上中下の組み合わせが正しい列の上の四角に○をかきましょう。

5 常 識

・リンゴの段です。この中で飛べない生き物に○をつけましょう。
・イチゴの段です。今の季節（秋）の絵から2つ目にある楽しいことに○をつけましょう。
・バナナの段です。赤ちゃんのときと、大人になったときの姿が同じものに○をつけましょう。
・ブドウの段です。この中で仲よしではないものに○をつけましょう。
・サクランボの段です。今の季節（秋）の花から3番目に咲く花に○をつけましょう。

6 位 置

・上の下駄箱の絵です。パンダさんの上履きは、上から2段目の一番左に入っています。パンダさんの上履きに○をつけましょう。
・上の下駄箱の絵です。ウサギさんの上履きは、上から3段目の右から2番目に入っています。ウサギさんの上履きに△をつけましょう。
・下の下駄箱の絵です。クマさんはこれから上履きをしまいます。クマさんの場所は、左と下には上履きが入っていませんが、上と右には上履きが入っています。クマさんの場所に×をかきましょう。

🏴 巧緻性

20cmぐらいの赤い綴じひも2本、穴が左右に6つずつ開いた台紙（2つの穴の間に線がそれぞれかいてある）が用意されている。テスターが手本を前方で示す。
・線のかいてあるところにひもを出し、かいていないところは裏側に出すようにして、左右の穴にひもを1本ずつ通しましょう。端は結ばず、そのままでよいです。

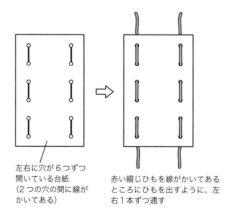

左右に穴が6つずつ
開いている台紙
（2つの穴の間に線が
かいてある）

赤い綴じひもを線がかいてある
ところにひもを出すように、左
右1本ずつ通す

考査：2日目

# 集団テスト

## 行動観察（忍者ごっこ）

修行や家作りのコーナーがあり、太鼓の合図でグループごとに抜き足差し足で移動する。
３つのコーナーを回ったら、最後は太鼓の合図でテスターのところに集まった後、自由に
遊ぶ。全部終わったら、みんなで片づけを行う。

・手裏剣の修行…マジックテープのついたボールを、壁に貼ってある大きな手裏剣の的（ボ
ールが当たるとくっつく）に目がけて投げる。床にラインが３本あり、
どこから投げてもよい。

・忍者の家作り…段ボール箱、シート、梱包用の気泡緩衝材（エアパッキン）、ジョイン
トマットを使用し、忍者の家を作る。

・飛び石の修行…ワニ（床に描いてある絵）に食べられないように、飛び石に見立てた床
の上のフープをジャンプしながらスタートからゴールまで進んでいく。

# 親 子 面 接

## 本 人

・お名前を教えてください。
・今日はここまで何で来ましたか。（質問が発展していく）
・朝ごはんは何を食べましたか。
・お家で何と呼ばれていますか。
・お父さん、お母さんのことを何と呼んでいますか。
・幼稚園（保育園）で最近楽しかったことは何ですか。（質問が発展していく）
・最近、ありがとうと言われたことは何ですか。
・（きょうだいがいる場合）きょうだいとは、どんなことをして遊びますか。
・運動会はもう終わりましたか。（質問が発展していく）

## 7 言 語

テスターから絵を見せられ、質問に答える（絵は時間帯によって異なる）。
（通り過ぎた車の跳ねた水がかかった男の子の絵を見せられる）
・この絵の様子をお話ししてください。
・この男の子はどんな気持ちだと思いますか。
・あなただったらどんな言葉をかけますか。

（鉄棒で楽しく遊んでいる子と腕をけがしている女の子の絵を見せられる）

・この絵の様子をお話ししてください。

・この女の子（腕をけがしている子）はどんな気持ちだと思いますか。

・あなただったらどんな言葉をかけますか。

## 父　親

・志望理由についてお話しください。

・女子校を選んだ理由をお聞かせください。

・学校教育に期待することは何ですか。

・最近お子さんに言われてうれしかったことは何ですか。

・人とのかかわりで何が大切だと思いますか。

## 母　親

・最近お子さんがしてくれたことでうれしかったことは何ですか。

・人とのかかわりで何が大切だと思いますか。

・（きょうだいがいる場合）きょうだい関係をどのように見ていますか。

・女子校のよいところはどんなところだと思いますか。

## 面接資料／アンケート

出願後の指定日に参考票（面接資料）を持参する。参考票には、以下のような記入項目がある。

①本校をどのようなことでお知りになりましたか。

②本校を志望したのはなぜですか。

③ご家庭の教育方針をお書きください。

④志願者本人について、学校がうかがっておいた方がよいとお考えの点がありましたら、お書きください。

⑤そのほかうかがっておいた方がよいと思われる点がありましたら、何でもご記入ください。

※ほかに、家族構成を記入し、家族写真を添付する。

**1**

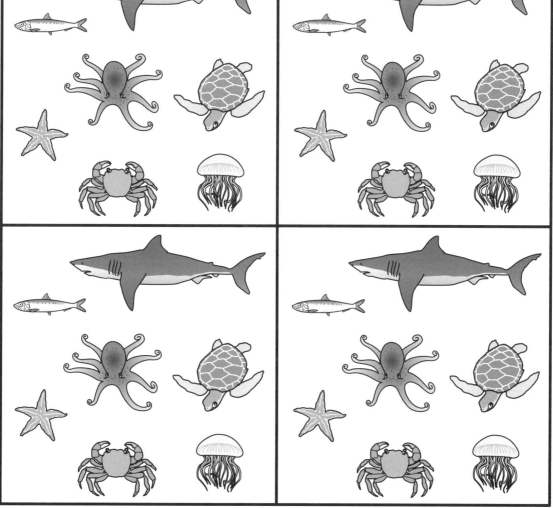

**2**

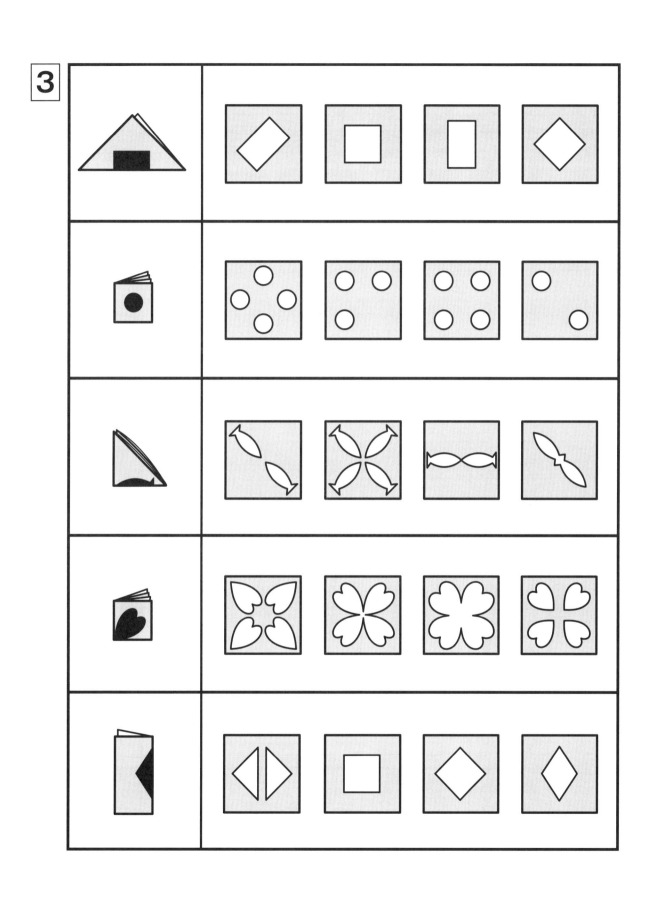

**4**

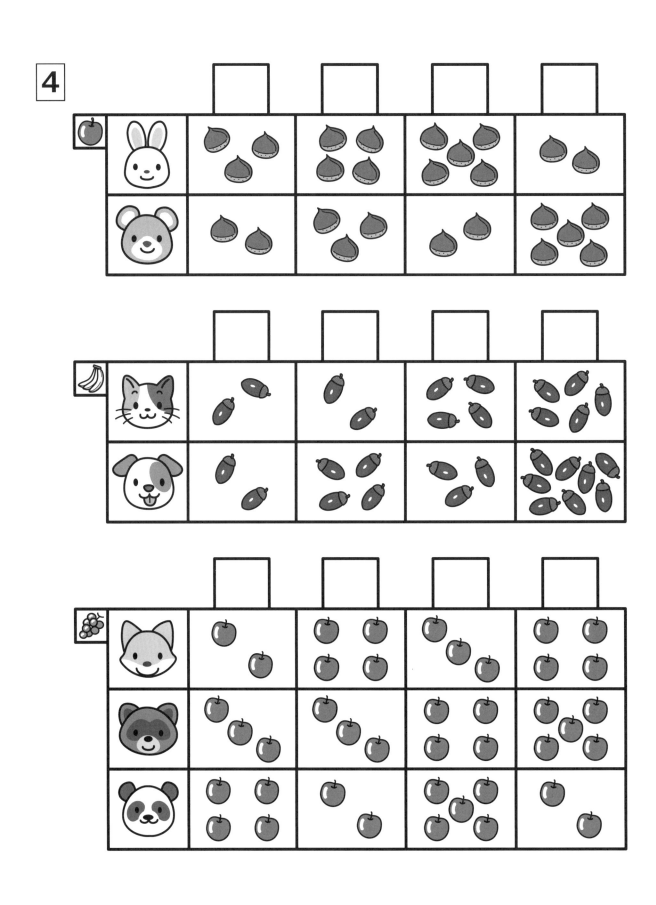

**6**

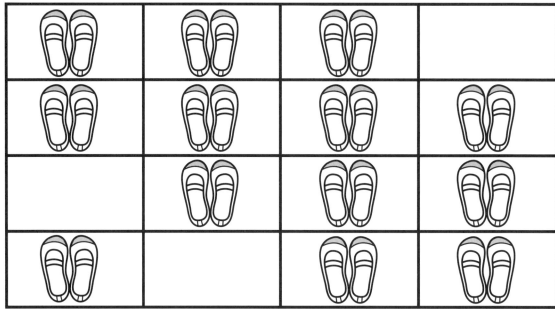

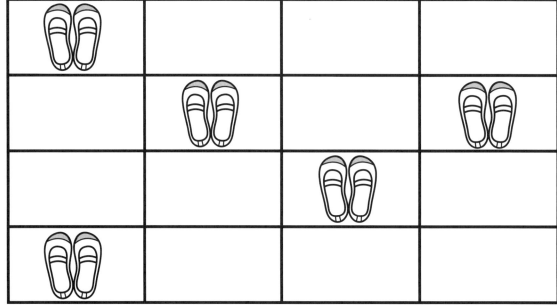

# 2014 雙葉小学校入試問題

## ■ 選抜方法

受験番号は五十音順で決められる。考査は4日間のうち指定された2日間で行う。1日目は約25人単位でペーパーテストと巧緻性の課題、2日目は10～20人単位で集団テストを行った後、親子面接を行う。所要時間は1日目が約40分。2日目が約50分（集団テストは約30分で、その後順次面接を行う）。

**考査：1日目**

| ペーパーテスト | 筆記用具は青のフェルトペンを使用し、訂正方法は ∧∧∧（ギザギザ線）。出題方法は話の記憶のみテープで、ほかは口頭。 |
|---|---|

### 1 話の記憶

「ある朝のことです。森にすんでいる動物たちは、小鳥さんの声で目覚めました。リスさんが『おはよう。もうすっかり秋だね。今年は秋の葉っぱや実で何を作ろうかな』と言いました。森にすむ動物たちは、秋になると森にあるいろいろな材料でアクセサリーを作ります。今年は作ったものを持ち寄ってアクセサリー屋さんを開くことにしました。みんなのお店は三角の赤い屋根で2階建てです。1階には大きなガラスの窓があり、2階には小さな丸い窓があるかわいらしいお店です。『じゃあ、アクセサリーができたらこのお店に持ってこようね』と動物たちはお約束をしてそれぞれ作り始めました。小鳥さんは赤い木の実で指輪を3つ作り、お店へ置きにやって来ました。『かわいい指輪ができたわ。お客さん来てくれるかしら？』と言いました。次にやって来たのはキツネさんです。キツネさんは、イチョウの葉っぱを集めて大きさの違うネックレスを3つ作りました。双子のリスさんのきょうだいは、ドングリを使ってイヤリングを作りました。秋にピッタリのかわいいイヤリングを持ってうれしそうにやって来ました。ウサギさんはピンクのコスモスを4つ飾ったお花の冠を1つ作り、ニコニコとお店に持ってきました。ところがクマさんとタヌキさんがなかなかやって来ません。みんなが心配をしていると、たくさんのマツボックリを抱えたクマさんとタヌキさんが遅れてやって来ました。『たくさん拾ったんだけど、何を作ればいいか迷っちゃって…』と恥ずかしそうにクマさんが言いました。そこでみんなで相談しました。『ブローチがないからブローチを作ろうよ！』とタヌキさんが言い、みんなで協力して作ることになりました。小鳥さんが持ってきてくれた赤い木の実や、コスモス、ドングリ、イチョウも組み合わせて、かわいらしいブローチが4つできあがりました。『これで準備はばっちりだね！』とみんなうれしそうです。いよいよお店がオープンします。いったいどんな動物が来てくれるのでしょうか。楽しみですね」

・イチゴの段です。みんなのアクセサリー屋さんはどんな建物でしたか。正しいものに○をつけましょう。

・リンゴの段です。お話に出てこなかった動物には×を、お話に出てきた動物には○をつけましょう。

・バナナの段です。動物たちがアクセサリーを作るとき使っていなかったものに×をつけましょう。

・ブドウの段です。ブローチはいくつできましたか。その数だけ○をかきましょう。

## 2 推理・思考（左右弁別）

・イチゴの段です。右手のグーに○をつけましょう。

・リンゴの段です。左手のチョキに×をつけましょう。

・ブドウのところです。ジャンケンをしている絵が描いてありますね。右手で勝っている絵に○をつけましょう。

・同じところです。左手で負けている絵に×をつけましょう。

## 3 観察力

・左の四角にかいてある形を左から順に上に重ねていったとき、どのようになりますか。正しいものを右から選んで○をつけましょう。

## 4 構　成

・左のマス目の中の黒い形をいくつかくっつけて作った形が右側にあります。黒い形はいくつ使っても構いませんが、重ねることはできません。お約束を守って作れる形に○をかきましょう。○は右上の小さい四角にかきましょう。

## 5 数量（マジックボックス）

・上にアメがあります。丸いロボットに会ったときには1つ数が増えます。三角のロボットに会ったときには1つ減ります。四角のロボットに会ったときには、持っていたアメと同じ数だけアメが増えるというお約束です。では、それぞれの果物のところのアメが、その下に描いてある全部のロボットに上から順番に会ったとき、アメはいくつになりますか。その数だけ横の四角に○をかきましょう。

## 6 常　識

・リンゴの段です。一番体が大きい動物に○をつけましょう。

・イチゴの段です。一番体が小さい生き物に○をつけましょう。

・バナナの段です。一番速い乗り物に○をつけましょう。

・ブドウの段です。一番小さい乗り物に○をつけましょう。

・レモンの段です。一番種が大きいものに○をつけましょう。

## 🔲 巧緻性

クリップ5個、髪の毛につけるパッチン留め5個がお皿に用意されている。それをピンクの画用紙に交互に留めていく。

【完成例】

## 考査：2日目

# 集団テスト

## 🔲 行動観察

自分たちでフープをマジックテープでつなぎ電車にする。床に描いてある線路の上を音楽に合わせて進み、着いた駅で遊ぶ。駅は、動物駅、未来駅、祭り駅の3つ。「線路は続くよどこまでも」の音楽が流れたら、電車に乗って次の駅に進む。
・動物駅では、動物のパペットを使っていろいろな食べ物を食べさせたり、お話をしたりしながら遊びましょう。
・未来駅では、空き箱や大きな積み木のようなものを使って未来の町を作って遊びましょう。
・祭り駅では、ボウリングゲーム、輪投げゲームをして遊びましょう。

# 親 子 面 接

## 本 人

・将来の夢は何ですか。なぜそれになりたいのですか。
・好きな色は何色ですか。
・お父さんとお母さんがなりたかったものについて聞いたことがありますか。
・お母さんと一緒にお絵描きはしますか。
・家族で出かけたことはありますか。
・家族で出かけたのはどこですか。
・家族と出かけて思い出に残っていることはありますか。

**父 親**

- お子さんの夢はご存じでしたか。どのように思いますか。
- 子どものころに将来なりたいと思っていたものは何でしたか。
- 宗教教育についてどのように思いますか。
- 考査が終わったら行きたいところはありますか。
- ご家族で出かけたときの思い出をお話しください。

**母 親**

- 子どものころに将来なりたいと思っていたものは何でしたか。
- ご家族で旅行をしたときの様子を教えてください。
- 宗教教育についてどのように思いますか。
- 志望理由をお話しください。

**面接資料／アンケート** 　出願後の指定日に参考票（面接資料）を持参する。参考票には、以下のような記入項目がある。

①本校をどのようなことでお知りになりましたか。

②本校を志望したのはなぜですか。

③ご家庭の教育方針をお書きください。

④志願者本人について、学校側でうかがっておいた方がよいとお考えの点がありましたら、お書きください。

⑤そのほかうかがっておいた方がよいと思われる点がありましたら、何でもご記入ください。

※ほかに、家族構成を記入し、家族写真を添付する。

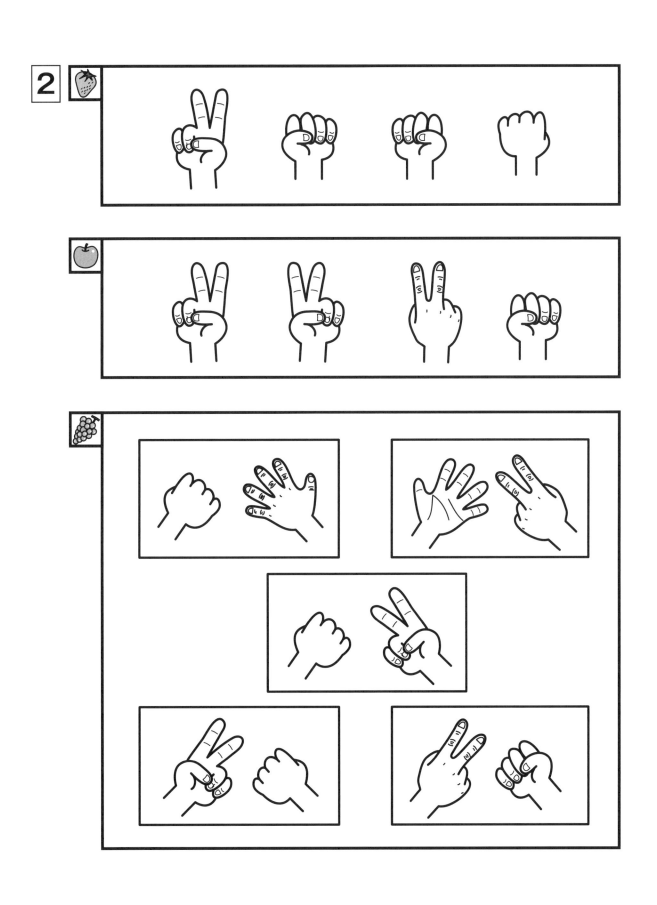

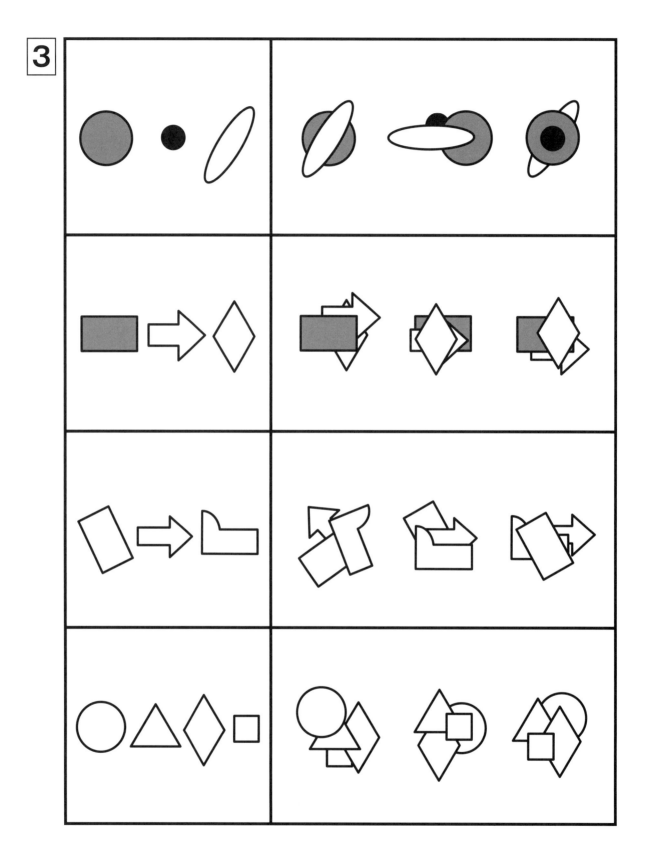

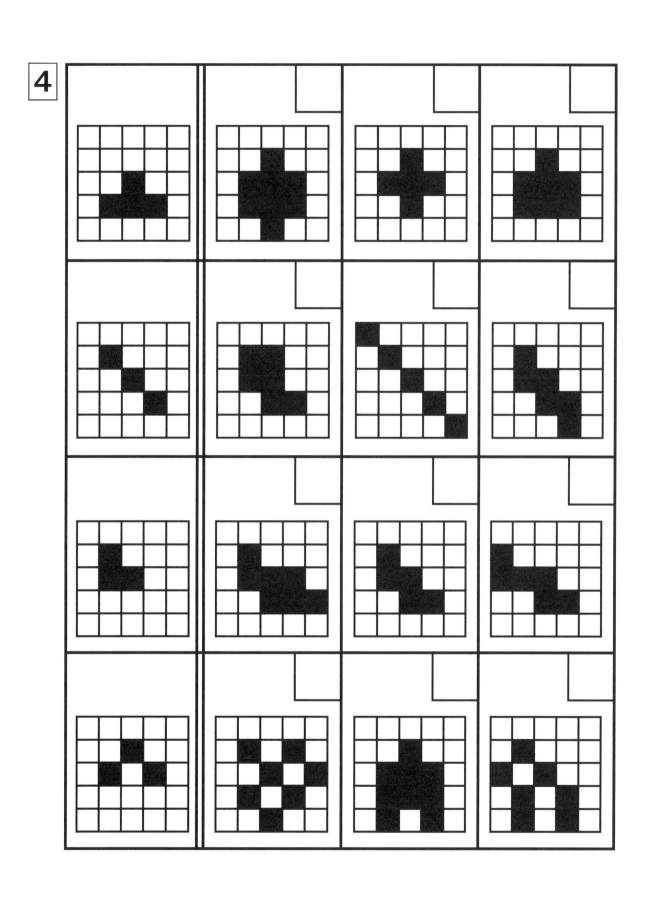

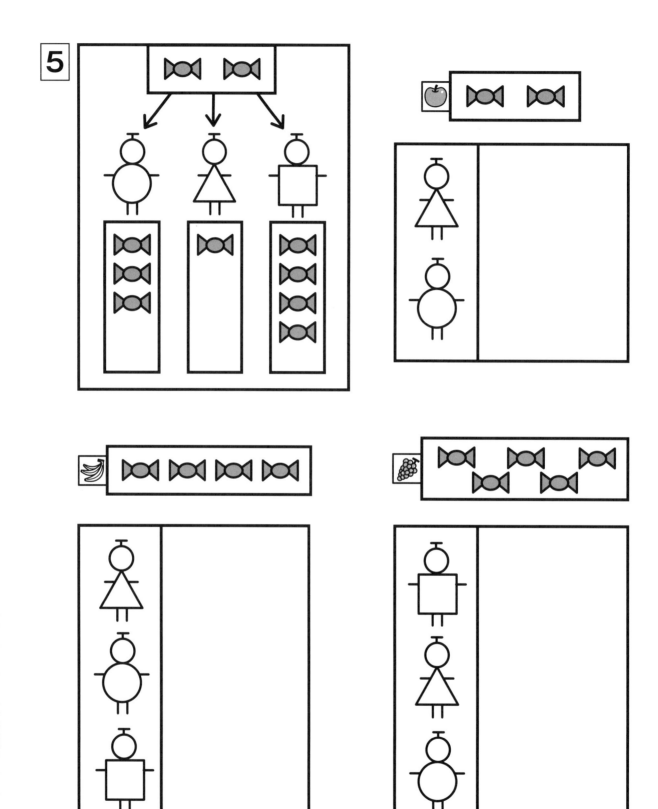

# 雙葉小学校
# 入試シミュレーション

# 雙葉小学校入試シミュレーション

## 1 話の理解

「ゆきちゃんは、大きさの違う4つの風船を持って歩いています。そこに、突然風が吹いてきました。一番大きな風船は、ユラユラと大きく揺れただけでしたが、2番目に小さな風船は飛んでいってしまいました。また、しばらく歩いていると今度はカラスが飛んできてツンツンとつつかれ、2番目に大きな黒い風船が割れてしまいました」

・1段目です。左端の風船はどうなりましたか。右から合う絵を選んで○をつけましょう。

「3時になったので、お母さんが『今日のおやつは何がよいかしら？』と聞きました。のぼる君は、おせんべいが食べたいと思いました。ドーナツも食べたいけれど、おせんべいほどではありません。おせんべいよりもホットケーキの方がいいかな……とも思いましたが、ショートケーキほどではありません」

・2段目です。のぼる君が一番食べたいおやつはどれですか。選んで○をつけましょう。

「ようこちゃんはお母さんに頼まれてお買い物に行くことになりました。間違えないように言われたものを思い出しています。『全部で4つ買うんだよね。まずは野菜。1つ目はウサギやウマが大好きなオレンジ色の野菜。それから、緑色で持つとチクチクするような小さいブツブツがついている野菜。あとは、お名前を前から言っても後ろから言っても同じ、不思議な野菜。果物は1つで、高い木になっている果物だったな』」

・3段目です。ようこちゃんが今、思い出したものを全部買うとカゴの中身はどうなりますか。正しいカゴの絵に○をつけましょう。

「5匹の動物がかけっこをすることになりました。『ヨーイ、ドン！』でスタートしてからしばらくした様子の絵が描いてあります。この後、ゾウさんが頑張って前にいた2匹を追い抜きました。その後、ウサギさんが2匹追い抜きました」

・4段目です。今のかけっこで一番早くゴールしたのはどの動物ですか。右端の動物の顔の中から選んで○をつけましょう。同じところで、一番遅かった動物には×、2番目に早かった動物には△をつけましょう。

## 2 数量（対応）

・上の３つの四角を見てください。アメリカンドッグ１つを買うにはお金が１つ、サンドイッチ１つを買うにはお金が２つ、ハンバーガー１つを買うにはお金が３つ必要です。では、それぞれ１つずつ買うのに必要なお金の数だけ星のところに○をかきましょう。

・アメリカンドッグ１つとサンドイッチ３つ、ハンバーガー２つを買うにはいくつお金が必要ですか。その数だけハートのところに○をかきましょう。

・下の段です。それぞれのお友達の顔の下にお金が描いてあります。下のお皿のものを買うのに、ちょうどピッタリのお金を持っているのは誰ですか。点と点を線で結びましょう。

## 3 常識（昔話）

・オニが出てくるお話に○をつけましょう。

・オオカミが出てくるお話に△をつけましょう。

・臼が出てくるお話に×をつけましょう。

## 4 言語（しりとり）

・それぞれの段はしりとりで４つのものがつながりますが、１つだけつながらないものがあります。つながらないものに、×をつけましょう。

## 5 観察力

・丸の印と三角の印の下にはいろいろな印のかかれたマス目があります。左右どちらのマス目とも太い線で切り取り、バラバラになったものが下の大きな四角の中にあります。丸の印の下から切り取ったと思うものには○、三角の印の下から切り取ったと思うものには△をつけましょう。また、どちらでもないと思うものには×をつけましょう。

## 6 推理・思考（重さ比べ）

・上の段の四角の中に描いてあるお手本を見て、下のシーソーで正しいと思うものには○、間違っていると思うものには×をつけましょう。

・下の段の四角の中に描いてあるお手本を見て、下のシーソーはどちらが下がると思いますか。下がる方にそれぞれ○をつけましょう。

## 7 構 成

・上のお手本を作ります。左と右のどれとどれを合わせたらできるか、点と点を線で結びましょう。

## 8 構 成

・左にある三角を使って右のどの形ができるか、点と点を線で結びましょう。

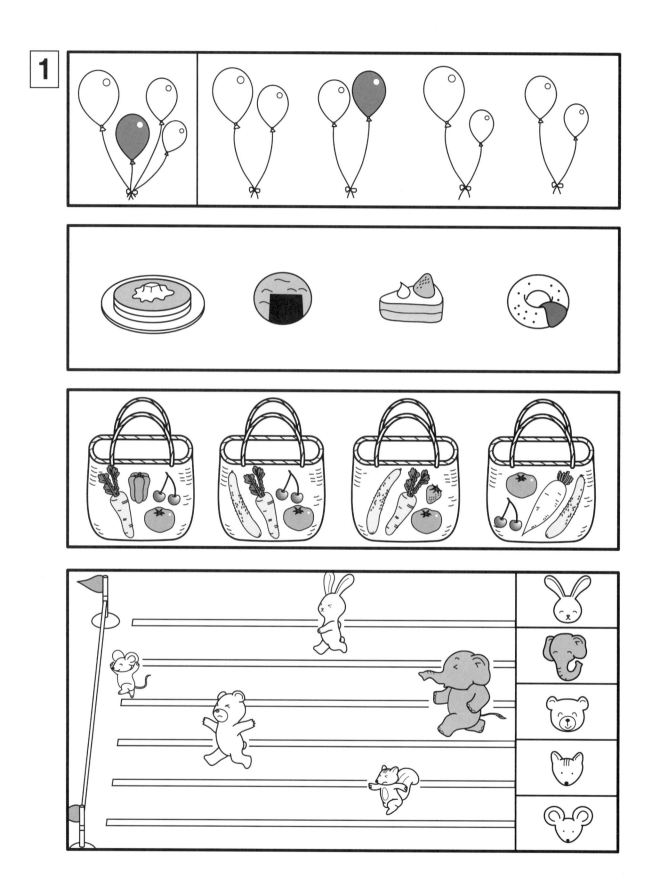

2

**3**

**4**

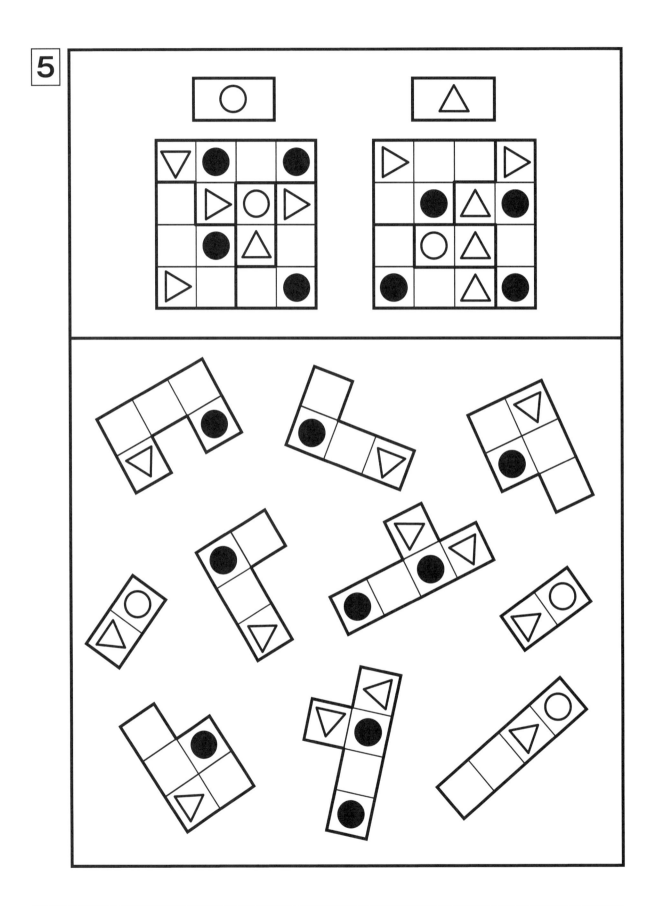

**6**

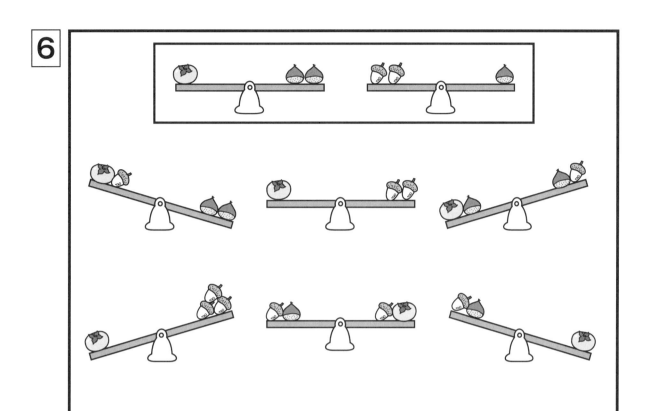

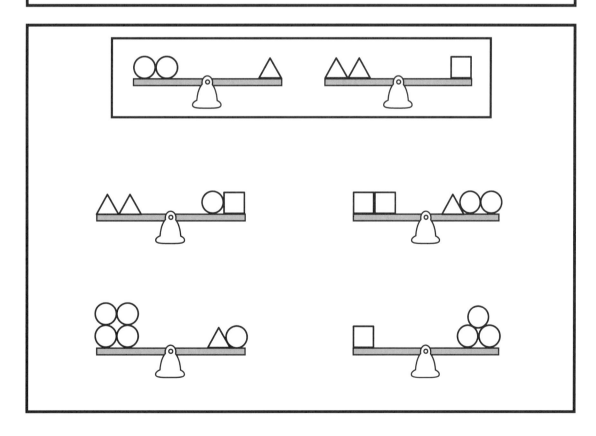

7

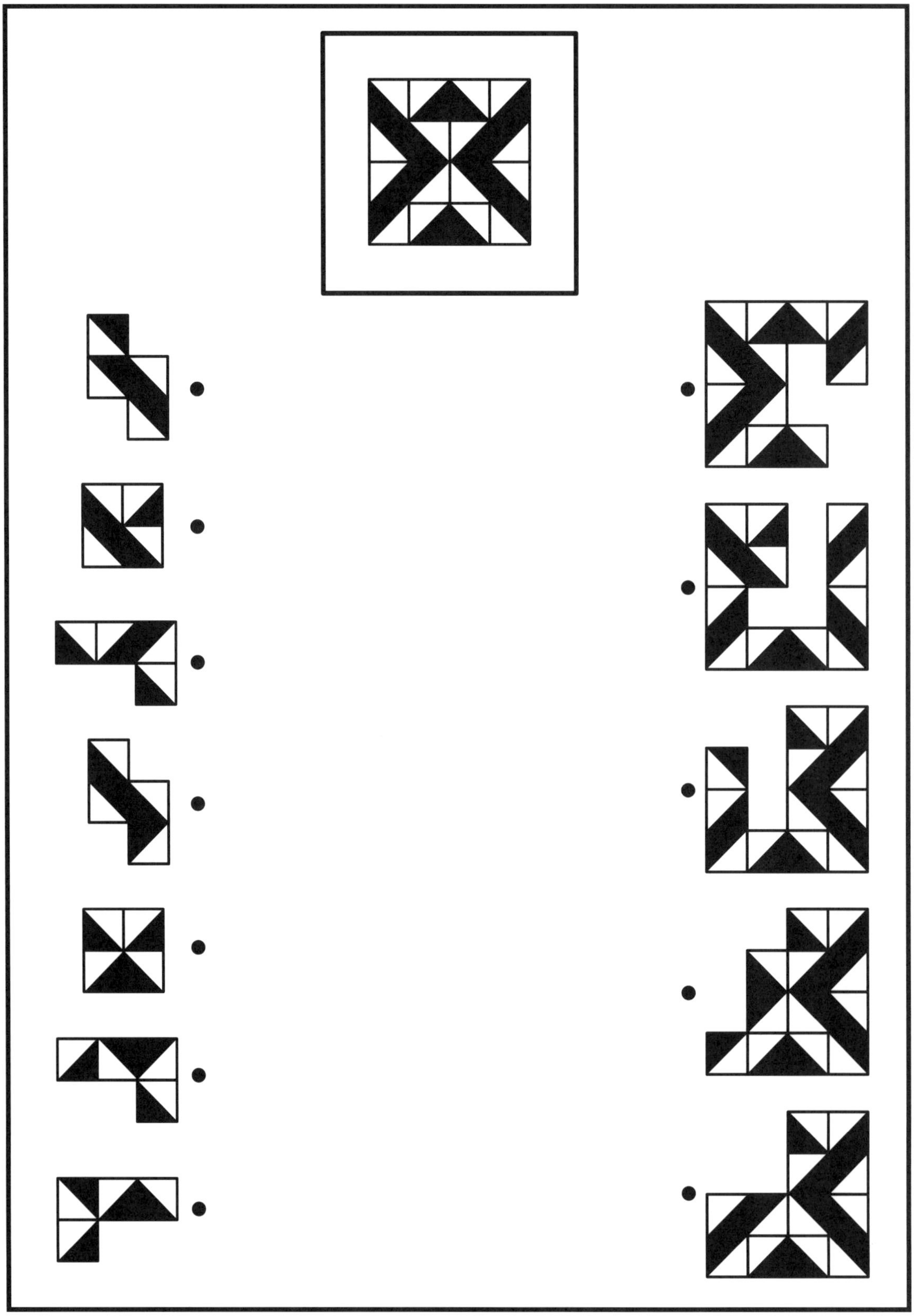

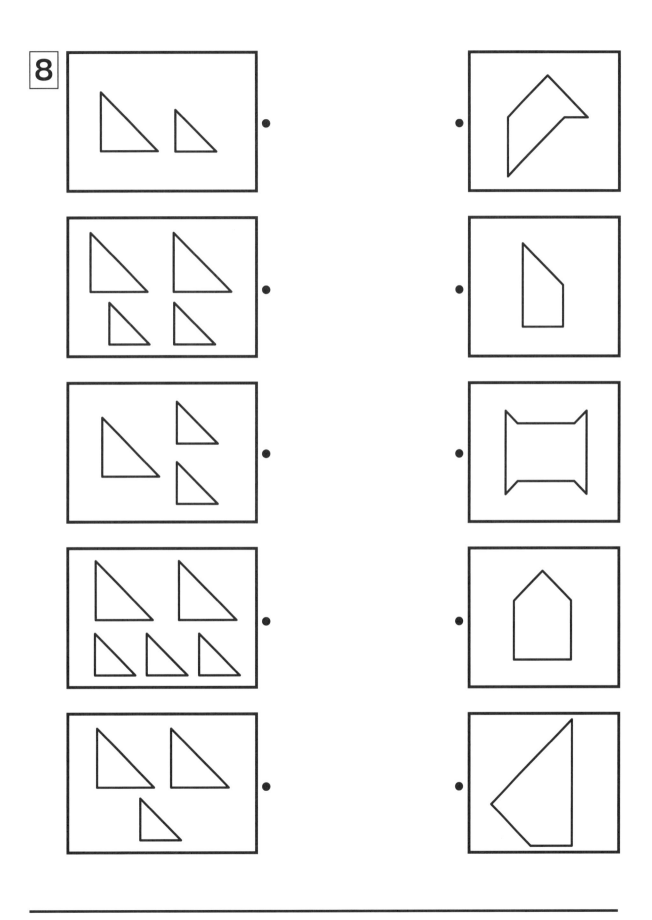

雙葉小学校入試シミュレーション

MEMO

# 2024 学校別過去入試問題集

✎ 年度別入試問題分析【傾向と対策】　✎ 学校別入試シミュレーション問題　✎ 解答例集付き

伸芽会の有名小学校合格シリーズ
Shinga-kai

カラーページ増殖中！
※2022年秋実施の入試問題を含む

ミシン線入り
解答例集付き
過去5～15年間分
全44冊52校掲載
定価3410円～3520円
（本体3100円～3200円＋税10%）

全国の書店・伸芽会出版販売部にお問い合わせください。

伸芽会　出版販売部【03-6914-1359】（10:00～18:00 月～金）

〒171-0014 東京都豊島区池袋 2-2-1 7F　https://www.shingakai.co.jp

2023年2月より順次発売中！

© '06 studio*zucca

［過去問］ 2024

# 雙葉小学校 入試問題集

## 解答例

入試シミュレーションの
解答例もあります！

© 2006 studio*zucca

Shinga-kai

**1**

**2**

**3**
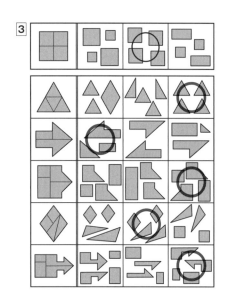

**4**
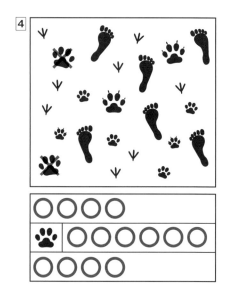

**5**
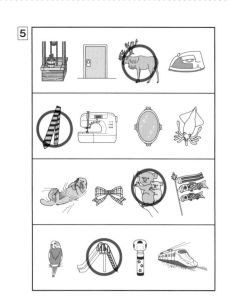

**6**

| | | | | | | |
|---|---|---|---|---|---|---|
| → | → | → | ↓ | → | ← | ↓ | ↓ |
| ↓ | ← | ↓ | ↓ | → | ⚠ | ↑ | ← |
| ↓ | ↑ | ↓ | ← | ⊕ | ↓ | ← | ↓ |
| → | ↑ | ↓ | ↓ | ← | → | ◇ | ← |
| ↓ | ✕ | ← | ← | → | ↑ | ← | ↓ |
| ↓ | ← | ↑ | ← | ↑ | ↑ | ← | → |

○○○○○

1

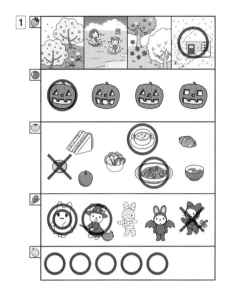

2

3

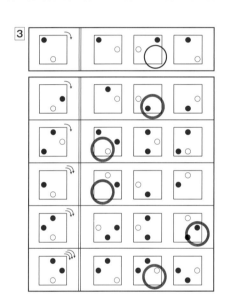

4

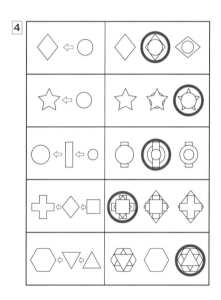

5

6

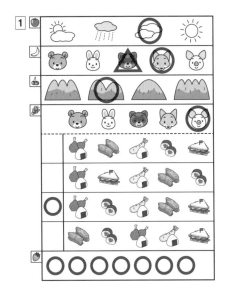

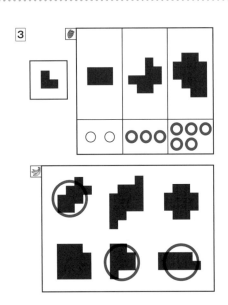

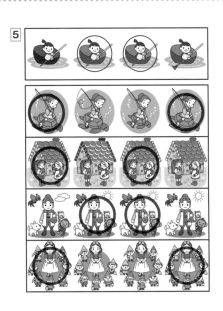

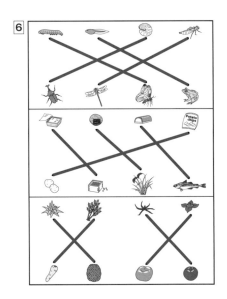

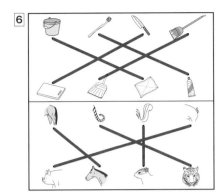

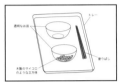

## 2020 解答例

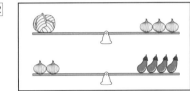

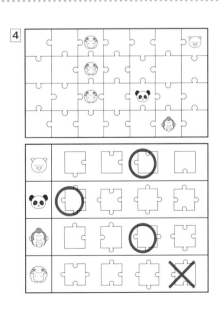

5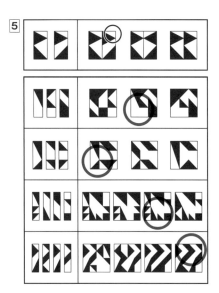

6

2019 解答例

1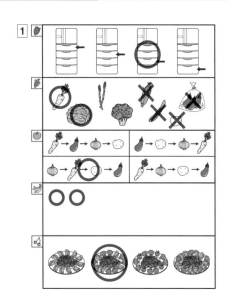

2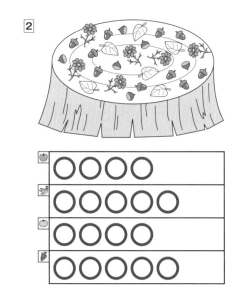

3

4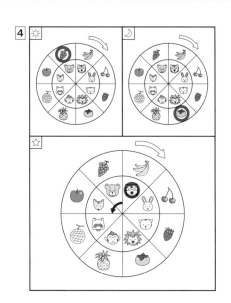

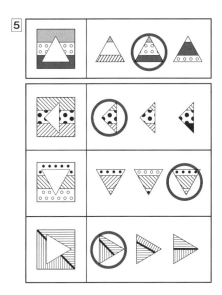

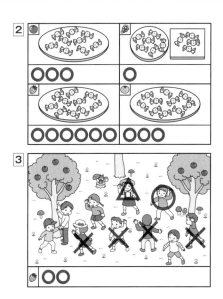

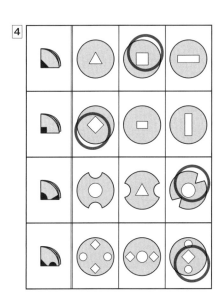

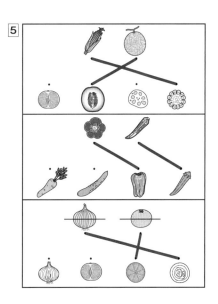

| 6 🐰 | ↓ → ↓ → ↓ ↓ | △ |
|---|---|---|
| 🐨 | ↓ ↓ → ↓ → → ↑ → ↑ | ○ |
| 🐻 | ↓ → ↓ ← ← ↑ ← ↓ → | ✕ |

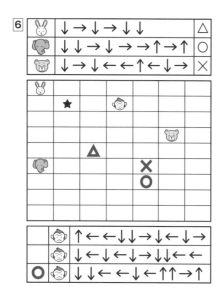

1
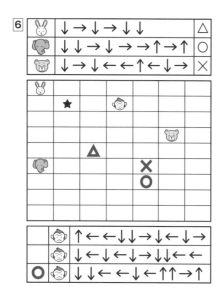

2

3
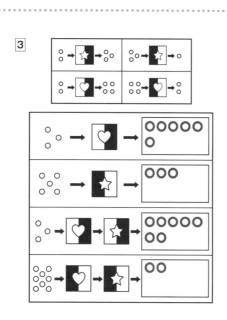

4
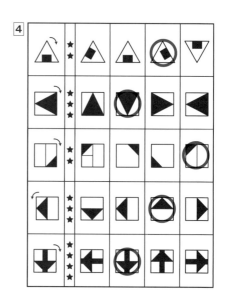

## 2017 解答例

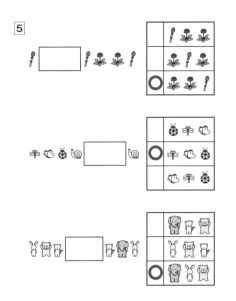

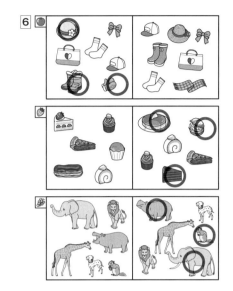

## 2016 解答例

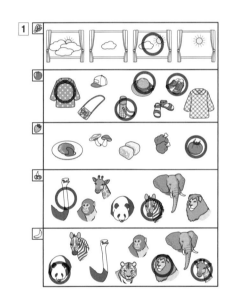

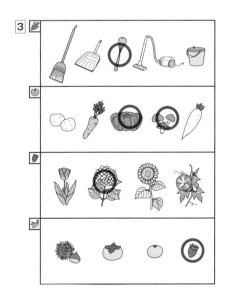

**5**

**6**
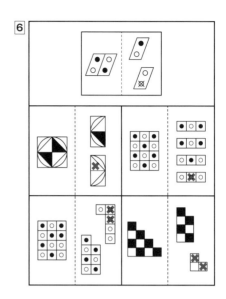

**7**

※ 7 は解答省略

**1**
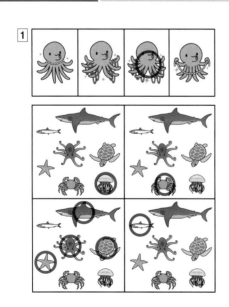

**2**

③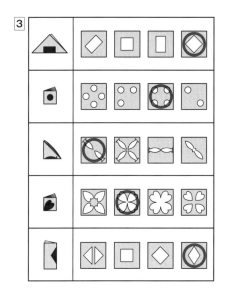

④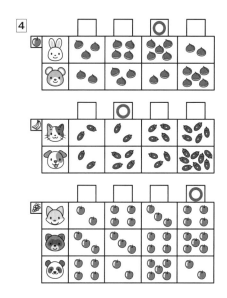

⑤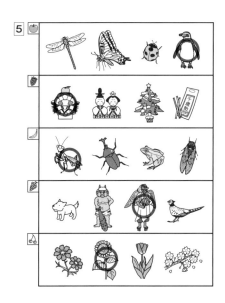

⑥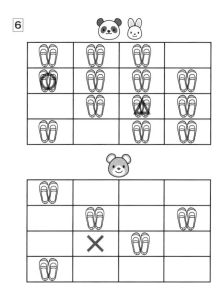

⑦

※⑦は解答省略

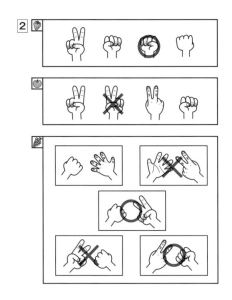

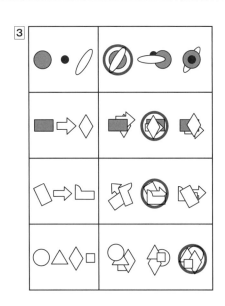

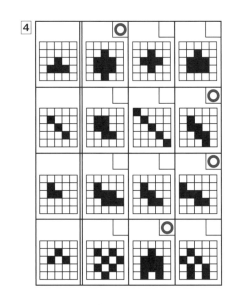

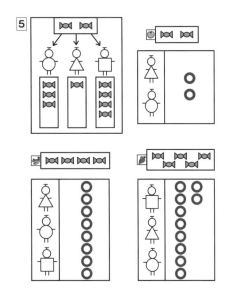

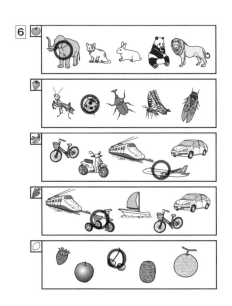

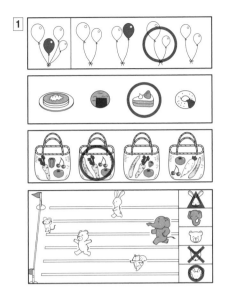

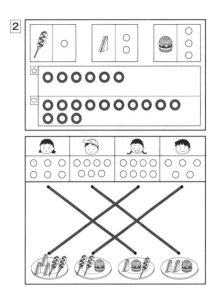

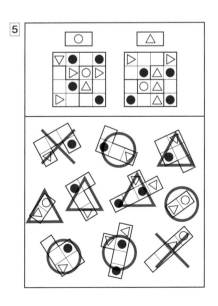

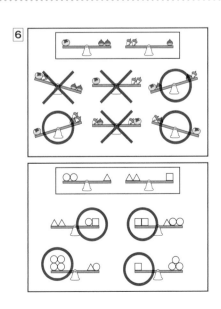

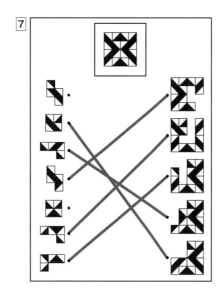

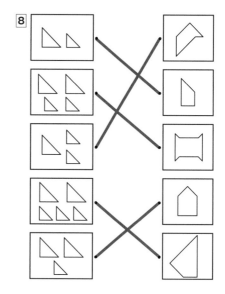